Hernandes Dias Lopes

OSEIAS
O amor de Deus em ação

© 2010 por Hernandes Dias Lopes

1ª edição: outubro de 2010
8ª reimpressão: março de 2021

REVISÃO
João Guimarães
Priscila M. Porcher

DIAGRAMAÇÃO
Sandra Reis Oliveira

CAPA
Cláudio Souto (layout)
Equipe Hagnos (adaptação)

EDITOR
Aldo Menezes

COORDENADOR DE PRODUÇÃO
Mauro Terrengui

IMPRESSÃO E ACABAMENTO
Imprensa da Fé

As opiniões, as interpretações e os conceitos emitidos nesta obra são de responsabilidade do autor e não refletem necessariamente o ponto de vista da Hagnos.

Todos os direitos desta edição reservados à
EDITORA HAGNOS LTDA.
Av. Jacinto Júlio, 27
04815-160 — São Paulo, SP
Tel.: (11) 5668-5668

E-mail: hagnos@hagnos.com.br
Home page: www.hagnos.com.br

Dados Internacionais de Catalogação na Publicação (CIP)
Câmara Brasileira do Livro, SP, Brasil

Lopes, Hernandes Dias

Oseias: o amor de Deus em ação /Hernandes Dias Lopes. — São Paulo: Hagnos, 2010. (Comentários Expositivos Hagnos)

ISBN 978-85-7742-076-6

Bibliografia

1. Bíblia AT. Oseias   2. Comentários   I. Título

10-09303 CDD -224.6077

Índices para catálogo sistemático:
1. Oseias: Livros Proféticos: Bíblia: Comentários 224.6077

Editora associada à:

Dedicatória

Dedico este livro aos irmãos Jerbe Paula da Silva e Ciprieta Baltar Silva, casal precioso, ovelhas queridas, amigos mais achegados que irmãos, fonte de alegria e bênção em nossa vida, família e ministério.

Sumário

Prefácio — 7

1. O homem, seu tempo e sua mensagem — 11
   Oseias 1.1

2. Tragédia e restauração — 31
   Oseias 1.1–2.1

3. Adultério, divórcio e novo casamento — 47
   Oseias 2.2-23

4. Amor, tão grande amor — 63
   Oseias 3.1-5

5. Uma nação rendida ao pecado — 77
   Oseias 4.1-19

6. Uma palavra de Deus à nação — 99
   Oseias 5.1-15

7. Os perigos de uma falsa conversão — 115
   Oseias 6.1-11

8. Uma nação madura para o juízo — 131
   Oseias 7.1-16

9. A trombeta do juízo começa a tocar — 147
   Oseias 8.1-14

10. O cativeiro é inevitável 165
Oseias 9.1-17

11. Os degraus da queda de uma nação 181
Oseias 10.1-15

12. Amor, tão grande amor 199
Oseias 11.1-11

13. Quando a graça é tratada com obstinação 215
Oseias 11.12–12.14

14. Quando o castigo torna-se inevitável 229
Oseias 13.1-16

15. Restauração, uma obra divina 245
Oseias 14.1-9

Prefácio

Oseias é o profeta da graça. É o homem de coração quebrantado. Ele não apenas falou do amor de Deus, mas o demonstrou de forma eloquente ao amar sua esposa infiel. Ele pregou aos ouvidos e também aos olhos. Ele falou à nação de Israel tanto pela voz profética como pelo exemplo. Estudar esse livro é penetrar nas profundezas do coração de Deus e trazer à tona as verdades mais sublimes do amor incondicional de Deus pelo povo da aliança.

Oseias foi contemporâneo de Amós. Ambos profetizaram no final do melhor dos tempos e nas bordas do pior dos tempos em Israel. O rei Jeroboão II estava no final do seu longo reinado. A nação havia alcançado seu apogeu tanto política quanto economicamente. Havia paz nas fronteiras e prosperidade dentro dos muros. Porém, com a morte desse grande monarca, a nação entrou em célere decadência rumo ao colapso. O trono de Israel tornou-se o centro nevrálgico de intrigas, conspirações e assassinatos.

Na ânsia de buscar ajuda para os seus assoberbados problemas, os reis insensatos faziam alianças com as grandes potências mundiais, a Assíria e o Egito. O profeta ergue sua voz contra essa estratégia insana e compara Israel a uma pomba enganada, que voa tresloucadamente de um lado para o outro, procurando refúgio ora sob as asas da Assíria, ora sob a égide do Egito.

Israel deixou de confiar em Deus, colocando sua confiança naqueles que haveriam de pôr sobre seu pescoço um pesado jugo. Em vez de correr para os braços do Deus onipotente, seu libertador, Israel buscou ajuda daqueles que mais tarde seriam seus implacáveis opressores.

As alianças políticas pavimentaram o caminho da apostasia. Israel abandonou a Deus, seu redentor, para render-se aos ídolos pagãos. Em vez de servir ao Deus vivo, o povo adorava os baalins. Em vez de servir ao Criador, o povo apóstata prostrava-se diante das obras de suas próprias mãos. Em vez de agradecer a Deus pela sua generosa providência, Israel tributava a Baal as bênçãos recebidas.

Israel desceu mais um degrau em sua decadência. A teologia errada desembocou na ética errada. Porque o povo capitulou à idolatria, rendeu-se à imoralidade. A religião idólatra e a prostituição, como dois afluentes, uniram-se para formar o rio da morte.

O Reino do Norte corrompeu-se por completo. Os reis e os sacerdotes lideravam o povo nessa corrida rumo ao desastre. O palácio e os templos religiosos eram centros de opressão. A política e a religião se uniram pelos motivos mais sórdidos. A violência ganhou as ruas. A roubalheira acontecia à luz do dia, e a imoralidade transbordava por todos os lados. A nação inteira era como um corpo chagado.

Por não ter ouvido a voz de Deus, Israel precisou receber a disciplina de Deus. O cativeiro tornou-se o amargo remédio da cura. O fracasso de Israel, porém, não destruiu os planos de Deus. Onde abundou o pecado do povo, superabundou a graça divina. O amor de Deus prevaleceu sobre a sua ira; seu povo foi restaurado, e sua infidelidade, curada. Da noite escura do pecado brotou a luz da esperança, quando Deus mesmo chamou seu povo para voltar-se para ele, trazendo em seus lábios palavras de arrependimento e em suas mãos a prática do bem.

O Deus de toda a graça ainda restaura o caído. Deus ainda cura a infidelidade do seu povo. Ele ainda se apresenta como orvalho para aqueles que vivem a aridez de um deserto. A mensagem de Oseias ecoa em nossos ouvidos. A palavra de Deus é sempre atual. É tempo de nos voltarmos para o Senhor!

Hernandes Dias Lopes

Capítulo 1

O homem, seu tempo e sua mensagem
Oseias 1.1

O LIVRO DE OSEIAS é o primeiro dos profetas menores e o mais extenso deles. David Hubbard considera o livro de Oseias teologicamente o mais completo, pois abarca os grandes temas proféticos da aliança, do julgamento e da esperança.[1] Alguns estudiosos consideram Oseias o único profeta escritor do Reino do Norte. Seu ministério estendeu-se por várias décadas. Sua profecia é entregue no período de maior prosperidade financeira e também no tempo de maior decadência espiritual. Como nenhum outro, ele abordou de forma eloquente o amor perseverante de Deus a um povo rebelde e recalcitrante.

Myer Pearlman está correto quando diz que o livro de Oseias é uma grande exortação ao arrependimento dirigida às dez tribos, durante os quarenta ou cinquenta anos antes do seu cativeiro. Seu cálice de iniquidade enchia-se rapidamente. Os reis e sacerdotes eram assassinos e libertinos; os sacerdotes idólatras desviavam o povo do culto ao Senhor. Em dificuldades, o governo voltava ao Egito ou à Assíria pedindo ajuda. Em muitos casos, o povo imitava a vileza moral dos cananeus; vivia numa segurança descuidada, interrompida somente em tempos de perigo por um arrependimento fingido; sobretudo, Deus e sua palavra eram esquecidos.[2]

Russell Norman Champlin diz que o tema do profeta é quádruplo: a idolatria de Israel, a sua iniquidade, o seu cativeiro e a sua restauração. Israel é retratado profeticamente como a esposa adúltera de Iavé, que em breve seria colocada fora, mas que finalmente seria purificada e restaurada.[3]

O texto do livro de Oseias é considerado pelos estudiosos como um dos mais confusos de todo o Antigo Testamento, sendo quase impossível esboçá-lo, devido à falta de lógica e conexão entre as diversas partes. Isso deve ser atribuído à intensa emoção do profeta. O livro tem sido chamado de "uma sucessão de convulsões".

Clyde Francisco diz que poderíamos chamar o livro de Oseias de diário de um soldado, escrito na frente de batalha, no meio dos petardos das granadas ou em um navio na tempestade, levado de um lado para outro, lutando para manter-se no rumo desejado. Esse livro é surpreendentemente grande. Contém algumas das mais nobres passagens da Bíblia e é citado inúmeras vezes no Novo Testamento.[4]

Destacamos alguns pontos à guisa de introdução:

Oseias, um homem chamado não apenas para falar, mas também para representar o amor de Deus

Deus chamou homens e os inspirou para falar em seu nome, porém, Deus levantou Oseias não apenas para falar, mas, sobretudo, para demonstrar seu amor ao povo de Israel. Deus não apenas falou pela boca do profeta, mas, principalmente, pela sua vida. Oseias foi uma trombeta a proclamar à nação infiel a compaixão de Deus. Gômer, a esposa adúltera, foi um símbolo de Israel, a esposa infiel. Os filhos de Oseias apontavam para intervenções do juízo de Deus sobre a nação ingrata. Destacamos aqui três pontos:

Em primeiro lugar, *o nome do profeta*. Era muito comum, em Israel, o nome Oseias. Assim foi chamado o último rei do Reino do Norte. O significado do nome é: Deus salva, ou salvação, e é equivalente a Josué e Jesus. O nome do profeta já trazia em si um chamado ao arrependimento e uma semente de esperança.

James Wolfendale diz que o nome *Oseias* está em contraste com a sua missão, anunciar a ruína de Israel, mas em harmonia com a sua vocação, proclamar a libertação após o julgamento.[5]

Oseias foi o primeiro profeta da graça e o primeiro evangelista de Israel.[6] Clyde Francisco o considera o Jeremias de Israel e o apóstolo João do Antigo Testamento.[7]

Oseias já foi chamado de "o profeta do amor", porque seu livro manifesta um profundo amor da parte de Deus por Israel, um amor não correspondido. Deus é mostrado como um marido traído que procura reatar o casamento com a esposa, que se tornou prostituta.

Há aqueles que consideram Oseias o mais belo poema de amor da Bíblia (2.14-16; 6.1-4; 11.1-4,8,9; 14.4-8).[8]

Do mesmo modo que Lucas apresenta o filho pródigo, Oseias apresenta a esposa pródiga.⁹

Em segundo lugar, *a família do profeta*. Charles Feinberg diz que de nenhum profeta ficamos sabendo com tantos pormenores os fatos de sua vida familiar como no caso de Oseias, porque aí reside a mensagem de Deus ao seu povo. Tanto a mulher de Oseias como seus filhos foram sinais e profecias a Israel, a Judá e à futura nação reunificada.¹⁰

Embora tenhamos informações acerca da família do profeta, como o nome de seu pai, de sua mulher e de seus filhos, além disso, nada sabemos. Todas as informações que temos sobre o profeta são aquelas contidas em seu próprio livro.

Oseias era filho de Beeri, cujo nome significa "meu poço ou minha fonte". Era marido de Gômer e pai de Jezreel, Desfavorecida e Não-Meu-Povo. O casamento do profeta com Gômer ocupa lugar central no livro. Na verdade, foi a base de sua mensagem à nação. Os filhos, cujos nomes nos parecem muito estranhos, são mensagens do juízo de Deus à nação.

Crabtree tem razão quando escreve: "A tragédia doméstica de Oseias o preparou para entender e interpretar o amor imutável do Senhor".¹¹ Aquilo que as visões de chamado fizeram para Isaías (Is 6.1-8), Jeremias (Jr 1.1-5) e Ezequiel (Ez 1.1-3), o casamento fez para Oseias.¹²

A grande pergunta que se levanta é se o casamento de Oseias com Gômer e os nomes dos seus filhos são apenas registros simbólicos ou realidades históricas. Há pelo menos quatro diferentes interpretações:

Primeiro, o casamento de Oseias e os nomes atribuídos aos seus filhos são apenas metáforas, símbolos da decadente realidade espiritual de Israel. Essa interpretação não é consistente, pois não há nada no texto que fortaleça essa tese.

Segundo, Gômer era apenas uma adoradora de Baal, mas jamais foi infiel ao seu marido. Sua infidelidade teria sido espiritual, e não conjugal. Os capítulos 1 a 3, porém, retratam de forma gráfica uma infidelidade conjugal. Gômer entregou-se a seus amantes. Ela abandonou o marido e foi viver uma vida dissoluta.

Terceiro, depois de casada com Oseias, Gômer tornou-se adúltera e mais tarde uma prostituta. Muitos estudiosos creem que Gômer era uma mulher casta quando se casou com o profeta, mas já estava inclinada a uma vida imoral. Assim ensinaram Ambrósio, Teodoreto e Cirilo de Alexandria.[13] A razão para adotar essa posição é que, no entendimento desses eruditos, supor que Deus houvesse mandado o profeta unir-se a uma mulher já conhecida por sua vida impura seria um absurdo monstruoso.

Quarto, Gômer já era uma mulher prostituta quando Oseias a desposou. Gerard Van Groningen entende que essa é a única posição que pode fazer jus à história.[14] O ancestral da nação de Israel, o patriarca Abraão, foi tirado do meio da idolatria, em Ur dos caldeus (Js 24.2-4). Israel foi escolhido não porque era um povo santo, mas apesar do seu pecado. Crabtree diz que a experiência trágica do profeta com a esposa amada fornece a melhor explicação da sua profecia e do seu ensino acerca do amor imutável do Senhor.[15]

Em terceiro lugar, *os contemporâneos do profeta*. Oseias foi contemporâneo de Amós, Isaías e Miqueias. Esse foi o tempo áureo da profecia tanto em Israel como em Judá. Oseias era homem de coração quebrantado. O que o choroso Jeremias foi para Judá, o Reino do Sul, quase um século e meio mais tarde, o soluçante Oseias foi para Israel, o Reino do Norte. Da mesma forma que Jeremias viu seus compatriotas do Sul serem realmente mergulhados na noite sombria do cativeiro babilônico e, de coração partido, imortalizou isso em suas Lamentações, é provável que Oseias tenha visto as dez tribos de seu amado Israel serem arrastadas para longe da terra que, tão vergonhosamente, profanaram, para aquele exílio e para aquela dispersão entre as nações das quais não foram mais reunidas.[16]

Oseias, um homem levantado por Deus em tempo de prosperidade financeira e decadência espiritual

No começo do ministério profético de Oseias, Israel e Judá estavam vivendo o apogeu da sua prosperidade financeira. Ambos os reinos desfrutavam paz nas fronteiras e crescimento econômico dentro das divisas. O rei Uzias governou Jerusalém por 52 anos e muito se fortaleceu. Seu reinado foi próspero, e Judá tornou-se um reino opulento, tanto militar quanto economicamente.

O reinado de Uzias caracterizou-se por sucessivas guerras das quais ele saiu vitorioso, pela ampliação dos projetos de construção, pela multiplicação das fortificações e pelo desenvolvimento da agricultura (2Cr 26). Os reis que o sucederam também prosperaram.

No Reino do Norte, Jeroboão II, num longo governo de 41 anos, levou o reino ao apogeu de sua influência política e econômica, ampliando suas fronteiras e desfrutando de invejável riqueza interna. Esse monarca conquistou para Israel (2Rs 14.25) um domínio tão extenso como não se via desde a ruptura do reino de Salomão, anexando até mesmo Damasco, que já nos dias de Salomão fora perdida (1Rs 11.24).

Jeroboão II foi considerado o Luiz XIV de Samaria.[17] Encabeçava um despotismo militar arrogante. Nos seus dias, a nação subiu ao apogeu da sua prosperidade, mas, também, desceu rapidamente a uma fatal corrupção moral. Depois da morte desse opulento monarca houve dissensões internas, a ponto de políticos rivais sacrificarem os interesses da nação. Houve conspiração, traição e assassinatos no palácio. Os reis caíram como lasca de madeira sobre a superfície das águas (Os 10.7).

Jeroboão II foi realmente o último rei forte de Israel. Dos outros seis que se seguiram, só Manaem morreu de morte natural. Os outros tomaram o trono assassinando quem o ocupava na ocasião. Salum matou Zacarias depois de um reinado de apenas um ano e meio; Menaém matou Salum após um reinado de apenas um mês; Peca matou Pecaías, filho de Menaém; e Oseias, o último deles, por sua vez, matou Peca.

A lealdade ao trono praticamente não existia mais; as conspirações eram abundantes. Havia surtos de anarquia, e as condições tornaram-se deploráveis (4.1,2; 7.1,7; 8.4; 9.15). A nação agitava-se em desordem ao redor do trono degradado e vacilante.[18] Nesse tempo de instabilidade, a nação ora corria atrás de alianças com o Egito, ora bandeava para os lados da Assíria (7.11), pagando-lhes tributos, até que finalmente perdeu sua independência e autonomia nacional, tornando-se vassalo da Assíria.

Vale lembrar que os tempos áureos de riqueza nos anos dourados de Jeroboão II trouxeram em suas asas uma assombrosa miséria, mais grave e mais danosa do que a própria pobreza: o esfriamento do amor e a apostasia da fé. Israel abandonou o Deus verdadeiro para curvar-se diante de Baal. A santidade foi substituída pela galopante corrupção moral. A religião sincrética perverteu o culto divino. A apostasia induziu o povo a cair nas teias da mais degradante imoralidade. A sociedade sucumbiu política, moral e espiritualmente.

J. Sidlow Baxter diz que, moral e espiritualmente, as coisas estavam ainda piores do que no terreno político. Desde os dias de Jeroboão I, quando as dez tribos haviam deixado a casa de Davi para formar um reino separado, a adoração do bezerro de ouro em Betel se tornara uma armadilha para Israel.

Embora o bezerro de Betel devesse em princípio representar o Senhor, o ídolo em si cada vez mais se tornava objeto de adoração. Isso abriu espaço para outras formas de idolatria, e as alianças feitas pelos reis de Israel com potências estrangeiras introduziram as idolatrias imorais da Síria e da Fenícia.

O caminho foi assim aberto para a grosseira e cruel adoração da natureza associada aos nomes de Baal e de Astarote, com todas as suas consequentes abominações, dentre as quais os sacrifícios de crianças e a licenciosidade revoltante.[19]

Israel atribuiu aos baalins aquilo que são dádivas de Iavé, o único que tem poder para gerar a fertilidade (2.5,8,9). Oseias condenou seus sacrifícios, dizendo que eram fúteis, oferecidos a deuses errados, em lugares errados, por motivos errados (4.19; 5.7). Rejeitou seus meios de revelação, considerando-os instrumentos inertes, incapazes de discernir a vontade de Deus (4.12). Deplorou seus atos sexuais, misturas descaradas de sensualidade e magia (4.13,14). Denunciou seus líderes – sacerdote, profeta e rei (4.4,5; 5.1). Zombou de sua superficialidade – pessoas beijando bezerros (13.2), adorando produtos de seus próprios artesãos (8.6). Condenou finalmente sua selvageria – o sacrifício perverso de criancinhas (5.2).[20]

A. R. Crabtree descreve com cores fortes esse contraste entre a ascendência econômica e a decadência moral de Israel:

> Com a expansão do seu território, e o controle das estradas comerciais entre a Assíria e o Egito, Israel se tornou poderoso e rico. No entanto, no auge do seu poder político, chegou ao nadir da sua vida religiosa. Amós discute em linguagem forte a corrupção, a injustiça, a opressão, a imoralidade, a cobiça, o roubo, o luxo, a vaidade, a violência, a falsidade, a infidelidade, a desonra e a apostasia de Israel. As condições políticas e religiosas se tornaram cada vez piores na época de Oseias.[21]

Foi nesse cenário de luxo e de lixo, de glória humana e opróbrio espiritual, de ascendência econômica e decadência moral, que Deus levantou Oseias para confrontar os pecados da nação e chamá-la ao arrependimento. A riqueza sem Deus é pior do que a pobreza. A riqueza sem Deus afasta o homem da santidade mais do que a escassez. Concordo com Dionísio Pape quando diz que os períodos de grande prosperidade são geralmente acompanhados de declínio moral.[22]

Nesse rápido declínio moral, todas as classes da sociedade se desmoralizaram. Os príncipes, amantes da riqueza e do luxo, viviam desenfreados no pecado. Os sacerdotes, que deveriam ensinar a verdade ao povo, tornaram-se bandidos truculentos e cheios de avareza.

As coisas foram de mal a pior, até que o profeta exclamou: "não há verdade, nem amor, nem conhecimento de Deus. O que só prevalece é perjurar, mentir, matar, furtar e adulterar, e há arrombamentos e homicídios sobre homicídios" (4.1,2). A religião de Israel tornou-se sincrética, e o povo misturou o culto a Deus com o culto a Baal. A idolatria sensual desembocou na mais repugnante imoralidade. A vida familiar caiu no abismo da dissolução. Não resta dúvida de que Oseias viveu durante os tempos mais turbulentos e inquietos pelos quais a nação jamais passara.

Os séculos correram, e hoje ainda assistimos a esse mesmo desvio religioso denunciado por Oseias. Dionísio Pape descreve a religião de Israel daqueles dias e ao mesmo tempo lança luz sobre as tendências da religiosidade contemporânea:

> A religião era popular. Cultos cheios e impressionantes. No entanto, a ênfase bíblica era coisa do passado. A linha mais tolerante do sincretismo dominava o pensamento dos líderes religiosos. Toda religião era boa. Era popular falar da fé no Senhor, e, ao mesmo tempo, dos valores comuns a todas as crenças, sem julgar-se nenhuma como sendo errada.[23]

Oseias, um homem que profetizou durante um período marcado tanto por estabilidade quanto por instabilidade política

Oseias foi profeta em Israel durante o longo governo de Jeroboão II. Esse rei governou em Samaria por 41 anos, tendo não apenas o mais longo reinado, bem como o mais próspero. Nesse tempo, no Reino do Sul governaram Uzias, Jotão, Acaz e Ezequias. Gerard Van Groningen é da opinião de que Oseias começou a profetizar bem no final do reinado de Jeroboão II, uma vez que o período todo de atividade profética de Oseias foi um tempo de rápido declínio moral e político.[24]

O ministério de Oseias deve ter ultrapassado as fronteiras do reinado de Jeroboão II, uma vez que anuncia o fim da dinastia de Jeú (1.4,5). Zacarias, filho de Jeroboão, foi o último membro dessa dinastia. Após a morte do grande monarca Jeroboão II, Israel entrou em rápido declínio. Três reis foram assassinados por seus sucessores. Conspiração e traição marcaram esse reino até sua completa derrota em 722 a.C., quando foi levado cativo pela Assíria.

Crabtree ressalta que as intrigas políticas entre os dois partidos envolveram a população inteira ou a perturbaram. Um dos partidos favoreceu a aliança política com o Egito, e o outro preferiu contar com o auxílio da Assíria (9.6; 10.6). A insensatez dessas intrigas levou Israel à ruína completa. A confiança nessas alianças políticas em vez da fé em Deus apressou ainda mais a completa derrocada de Israel (5.13; 7.11; 8.9).[25]

Oscar Reed corrobora essa ideia dizendo que, depois da morte de Jeroboão II, o povo de Israel encontrava-se politicamente fracassado. Estava minado por tramas, fraudes e intrigas. A nação estava madura para a conquista assíria. A primeira investida ocorreu em 733 a.C., quando Tiglate-Pileser invadiu Damasco, saqueou o território de Israel e levou a maioria dos líderes para o exílio. Em 722 a.C., Sargão tomou a capital Samaria, e o Reino do Norte deixou de existir.[26]

É preciso deixar claro que a decadência política de Israel tinha mais a ver com a corrupção interior do que com as ameaças exteriores. Israel não caiu nas mãos do inimigo, foi entregue. Israel capitulou ao poder estrangeiro porque já estava podre por dentro. O pecado é o opróbrio das nações. Um povo nunca é forte se seus valores políticos, morais e espirituais estão falidos.

Oseias, um homem que anunciou tanto o juízo quanto a misericórdia de Deus

Oseias demonstrou a misericórdia de Deus ao povo de Israel ao perdoar Gômer e restaurá-la como esposa. Israel foi como um filho rebelde e como uma esposa infiel. Deus é o pai de Israel, que anseia pela volta do filho pródigo para os seus braços. Ele é o marido de Israel, que deseja o amor e a fidelidade da esposa. Israel, porém, abandonou a Deus e foi atrás de Baal. Atribuiu as bênçãos de Deus ao ídolo cananeu. Rendeu-se à idolatria em vez de conservar sua fidelidade. Capitulou ao sincretismo religioso em vez de permanecer servindo somente ao Senhor.

A. R. Crabtree diz que Oseias falou quatro vezes do *berith*, o concerto do amor do Senhor com Israel, e cinco vezes do *hesed*, amor imutável de Deus. Três vezes Oseias se referiu ao amor imutável do Senhor para com o povo da sua escolha. Mesmo diante de tão grande amor, não houve fidelidade nem constância no amor de Israel por Deus (4.1; 6.4).[27]

Por não ouvir a voz da graça, o povo recebeu o chicote do juízo. Por não atender aos profetas de Deus, o povo foi levado para a terra dos deuses. Israel foi destruído por falta de conhecimento. O povo e seus líderes políticos e religiosos muito se corromperam. A mão de Deus pesou sobre eles para discipliná-los. Contudo, Deus nunca desistiu do seu povo. Assim como Oseias comprou Gômer, Deus redimiu o seu povo. Assim como Oseias levou Gômer para o deserto para falar-lhe ao coração, Deus levou seu povo para o cativeiro para prová-lo. Assim como Oseias desposou novamente Gômer em amor e justiça, Deus restaurou a sorte do seu povo e entrou com ele numa aliança eterna. O Deus do juízo é cheio de misericórdia. Mesmo na sua ira, ele se lembra da misericórdia para restaurar o povo da sua aliança.

Oseias, um homem que anunciou tanto a soberania de Deus quanto a responsabilidade humana

Uma investigação do livro de Oseias nos ajudará a entender que o profeta proclama tanto a soberania de Deus quanto a responsabilidade humana. Deus reina, ainda que o povo esteja rendido à anarquia; o povo é responsável, ainda que esteja rendido ao pecado. O povo estava caído por causa de seus pecados (14.1).

De várias maneiras Oseias coloca em relevo o grande poder do Senhor. Foi o Senhor quem deu a Israel o cereal, o vinho, o óleo e multiplicou a prata e o ouro que o povo usou para Baal (2.8). Foi a mão do Senhor que fez tantas maravilhas na libertação de Israel do poder do Egito (11.1; 12.9; 13.4,5), dirigindo carinhosamente a sua história (11.3,4), mandando profetas para orientá-lo de acordo com a sua soberana vontade.[28]

Concordo com Derek Kidner quando diz que seria uma distorção grosseira desse livro apresentar Deus simplesmente torcendo as mãos de desespero. Temos aqui ira e julgamento, não só súplica. Em Oseias, Deus é às vezes *sereno*: "ele se retirou deles" (5.6); "Efraim está entregue aos ídolos; é deixá-lo" (4.17); "[...] semeiam ventos e segarão tormentas" (8.7); outras vezes, *duro*: "Porque para Efraim serei como um leão" (5.14); "O Senhor se lembrará das suas injustiças e castigará os pecados deles" (9.9); mas, acima de tudo, *carinhoso*: "Como te deixaria, ó Efraim? [...] Meu coração está comovido dentro de mim..." (11.8); "Curarei a sua infidelidade" (14.4).[29]

David Hubbard diz corretamente que a soberania singular de Iavé significa que todos os aspectos da vida estavam sob seu controle, seja a criação, a história, a política, as questões internacionais, as relações sociais ou as atividades religiosas.[30]

Oseias, um homem que diagnosticou os pecados que destruíram o povo de Israel, mas também lhe mostrou o caminho da restauração

George Robinson diz que o livro de Oseias tem sido descrito como "um longo monólogo apaixonado, interrompido por soluços"; ou "mais soluços do que palavras". Os capítulos 1 a 3 falam do mensageiro, enquanto os capítulos 4 a 14 relatam a mensagem. A primeira seção é uma espécie de autobiografia espiritual, meio narrativa, meio profética. A segunda seção consiste de uma série de homilias, meros fragmentos de admoestação e promessa sem nenhuma divisão claramente indicada. A teologia de Oseias é a teologia do coração mais do que da cabeça.[31]

A mensagem do livro pode ser resumida em três palavras: lamentação, condenação e consolação. Destacamos aqui as causas da falência espiritual de Israel, que culminou na sua destruição:

Em primeiro lugar, *a falta de conhecimento*. O profeta diz: "O meu povo está sendo destruído, porque lhe falta o conhecimento..." (4.6). A nação havia ignorado a lei de Deus e caminhava deliberadamente em direção à embriaguez e à sensualidade. O profeta denunciou isso assim: "A sensualidade, o vinho e o mosto tiram o entendimento" (4.11).

Em segundo lugar, *o orgulho*. Oseias embocou a trombeta e disse: "A soberba de Israel abertamente o acusa" (5.5). A arrogância é a sala de espera do fracasso. O orgulho é o prelúdio da queda. A soberba é coroa de cinzas da derrota. A prosperidade sem Deus nos dias de Jeroboão II tornou-se um laço.

George Robinson diz que a honra nacional estava se tornando sinônimo da fornicação nacional.[32] O caminho do êxito material sem Deus é escorregadio. A riqueza sem a graça é pedra de tropeço, e não ponte de passagem. O êxito material é bom, mas só como o preliminar necessário para coisas melhores.[33]

Em terceiro lugar, *a instabilidade*. Oseias denunciou a instabilidade espiritual de Israel nestes termos: "Que te farei, ó Efraim? Que te farei, ó Judá? Porque o vosso amor é como a nuvem da manhã e como o orvalho da madrugada, que cedo passa" (6.4). Não havia constância nem perseverança no conhecimento de Deus. Ao contrário, o povo desviava-se de Deus para uma religiosidade falsa. O ritualismo formal havia substituído a piedade e a virtude. Deus diz por boca do profeta: "Pois misericórdia quero, e não sacrifício; e o conhecimento de Deus, mais do que holocaustos" (6.6).

Em quarto lugar, *o mundanismo*. Em vez de ser luz para as nações, Israel as imitou. O profeta Oseias declara: "Efraim se mistura com os povos, é um pão que não foi virado" (7.8). Em vez de Israel ser um influenciador, foi influenciado. Em vez de ensinar o conhecimento de Deus aos povos, adorou seus deuses falsos. Em vez de ser exemplo para as nações, corrompeu-se com e como essas nações. Em vez de voltar-se para Deus, correu atrás de alianças com aqueles que haveriam de destruí-lo. Israel agiu como uma pomba enganada (7.11). Era como um pão que não foi virado: cru de um lado e queimado do outro. Uns demasiadamente ricos, outros demasiadamente pobres; uns quentes demais na política, outros frios demais na religião.

Em quinto lugar, *a corrupção*. O profeta Oseias é enfático ao denunciar a decadência moral da nação: "Mui profundamente se corromperam..." (9.9). Todas as áreas da vida foram fermentadas pela corrupção. A religião estava eivada de idolatria. Os sacerdotes eram amantes do lucro. Os políticos confiavam em alianças humanas, mas não na providência divina. Com a morte do rei Jeroboão II, a conspiração tornou-se o cardápio principal na mesa real. A partir da corte palaciana, o tecido social ficou podre: perjúrio, mentira, roubo, adultério, homicídios e arrombamentos eram as notícias mais corriqueiras que circulavam na nação. A terra estava de luto.

Em sexto lugar, *a apostasia*. Por ter abandonado o conhecimento de Deus, Israel descambou para uma grotesca apostasia. Deus coloca na boca do profeta estas palavras dolorosas: "Porque o meu povo é inclinado a desviar-se de mim; se é concitado a dirigir-se acima, ninguém o faz" (11.7). A apostasia tornou-se um hábito contumaz e generalizado. O povo rebelde tapou os ouvidos e não quis ouvir o chamado de Deus ao arrependimento. Deus disse à nação apóstata: "Embora eu lhe escreva a minha lei em dez mil preceitos, estes seriam tidos como coisa estranha" (8.12).

A religião que se desvia dos mandamentos de Deus incita o povo a pecar ainda mais: "Porquanto Efraim multiplicou altares para pecar, estes lhe foram para pecar" (8.11). A apostasia nem sempre é ausência de religião, mas a multiplicação da religião em desacordo com a palavra de Deus.

Israel multiplicou altares para pecar. A apostasia tirou a centralidade de Deus do culto e colocou a religião centrada no prazer do homem: "Amam o sacrifício, por isso sacrificam, pois gostam de carne e a comem, mas o Senhor não os aceita..." (8.13). A apostasia tem cara de secularização, ao substituir Deus pelas realizações humanas: "Porque Israel se esqueceu do seu Criador e edificou palácios, e Judá multiplicou cidades fortes..." (8.14).

Em sétimo lugar, *a idolatria*. Israel abandonou o Deus vivo para adorar Baal, o deus cananita, um ídolo morto. Israel abandonou o seu Criador para adorar um deus criado por artífice. Ele deixou o culto espiritual para render-se aos ídolos. O profeta denuncia essa prática: "Agora pecam mais e mais, e da sua prata fazem imagens de fundição, ídolos segundo o seu conceito, todos obra de artífices, e dizem: Sacrificai a eles; homens beijam bezerros" (13.2).

Crabtree diz corretamente que, imersos na sensualidade da nova religião, os israelitas perderam o conhecimento do Senhor, como também a capacidade de reconhecer a própria infidelidade.[34] Alguns pensavam que estavam prestando um serviço aceitável ao Senhor (5.6; 8.2), mas seus altares eram meios de multiplicar pecados (8.11).

O livro de Oseias encerra sua mensagem com uma nota de esperança. Apesar da apostasia do seu povo, Deus não quebra sua aliança com ele nem desiste de amá-lo. Assim diz o Senhor: "Como te deixaria, ó Efraim? Como te entregaria, ó Israel? [...] Meu coração está comovido dentro de mim, as minhas compaixões à uma se acendem" (11.8).

O próprio Deus chama o povo a voltar-se para ele: "Volta, ó Israel, para o Senhor teu Deus; porque pelos teus pecados estás caído. Tende convosco palavras de arrependimento e convertei-vos ao Senhor" (14.1,2). Deus promete curar a infidelidade do povo (14.3) e ser para ele o bálsamo restaurador (14.5-7).

Notas do capítulo 1

1. HUBBARD, David A. *Oseias: Introdução e comentário.* Editora Vida Nova. São Paulo, SP. 2006: p. 25.
2. PEARLMAN, Myer. *Através da Bíblia.* Editora Vida. Miami, FL. 1987: p. 143.
3. CHAMPLIN, Russell Norman. *O Antigo Testamento interpretado versículo por versículo.* Vol. 5. Editora Hagnos. São Paulo, SP. 2001: p. 3.441.
4. FRANCISCO, Clyde. *Introdução ao Velho Testamento.* JUERP. Rio de Janeiro, RJ. 1979: p. 131.
5. WOLFENDALE, James. *Hosea.* In *The preacher's homiletic commentary.* Vol. 20. Bakers Books. Grand Rapids, MI. 1996: p. 1.
6. SMITH, G. A. *The book of the twelve prophets.* Vol. I. Harper & Bros. Nova York, NY. 1928: p. 239.
7. FRANCISCO, Clyde. *Introdução ao Velho Testamento.* 1979: p. 132.
8. COELHO FILHO, Isaltino Gomes. *Os profetas menores I.* JUERP. Rio de Janeiro, RJ. 2004: p. 20.
9. FEINBERG, Charles L. *Os profetas menores.* Editora Vida. Miami, FL. 1988: p. 12.
10. FEINBERG, Charles L. *Os profetas menores.* 1988: p. 11.
11. CRABTREE, A. R. *O livro de Oseias.* 1963: p. 17.
12. HUBBARD, David A. *Oseias: Introdução e comentário.* 2006: p. 31.
13. ROBINSON, George L. *Los doce profetas menores.* Casa Bautista de Publicaciones. El Paso, TX. 1984: p. 15.
14. GRONINGEN, Gerard Van. *Revelação messiânica no Velho Testamento.* LPC. Campinas, SP. 1995: p. 437,438.
15. CRABTREE, A. R. *O livro de Oseias.* 1963: p. 18,19.
16. BAXTER, J. Sidlow. *Examinai as Escrituras – Ezequiel a Malaquias.* Editora Vida Nova. São Paulo, SP. 1995: p. 101.
17. ROBINSON, George L. *Los doce profetas menores.* 1984: p. 12.
18. BAXTER, J. Sidlow. *Examinai as Escrituras – Ezequiel a Malaquias.* 1995: p. 102.
19. BAXTER, J. Sidlow. *Examinai as Escrituras – Ezequiel a Malaquias.* 1995: p. 102,103.
20. HUBBARD, David A. *Oseias: Introdução e comentário.* 2006: p. 32.
21. CRABTREE, A. R. *O livro de Oseias.* Casa Publicadora Batista. Rio de Janeiro, RJ. 1961: p. 13.
22. PAPE, Dionísio. *Justiça e esperança para hoje.* ABU Editora. São Paulo, SP. 1983: p. 11.

23 PAPE, Dionísio. *Justiça e esperança para hoje.* 1983: p. 11.
24 GRONINGEN, Gerard Van. *Revelação messiânica no Velho Testamento.* LPC. Campinas, SP. 1995: p. 436.
25 CRABTREE, A. R. *O livro de Oseias.* 1963: p. 14.
26 REED, Oscar. *O livro de Oseias.* In *Comentário bíblico Beacon.* Vol. 5. CPAD. Rio de Janeiro, RJ. 2005: p. 23.
27 CRABTREE, A. R. *O livro de Oseias.* 1963: p. 22,23.
28 CRABTREE, A. R. *O livro de Oseias.* 1963: p. 30.
29 KIDNER, Derek. *A mensagem de Oseias.* ABU Editora. São Paulo, SP. 1988: p. 10.
30 HUBBARD, David A. *Oseias: Introdução e comentário.* 2006: p. 45.
31 ROBINSON, George L. *Los doce profetas menores.* 1984: p. 17.
32 ROBINSON, George L. *Los doce profetas menores.* 1984: p. 18.
33 ROBINSON, George L. *Los doce profetas menores.* 1984: p. 18.
34 CRABTREE, A. R. *O livro de Oseias.* 1963: p. 15.

Capítulo 2

Tragédia e restauração
Oseias 1.1–2.1

O LIVRO DE OSEIAS fala de julgamento e esperança. Cada uma das três partes principais do livro começa com a ameaça de juízo divino sobre Israel (1.2–2.13; 4.1–10.15; 12.1–13.16) e termina com a promessa de restauração divina (2.14–3.5; 11.1-11; 14.1-9).[35]

Esse profeta que anuncia o juízo de Deus e abre as portas da esperança não foi um teólogo de gabinete, alienado da realidade sombria do seu povo. Ele pregou aos ouvidos e aos olhos. Ele não apenas falou da tragédia que estava desabando sobre o Reino do Norte, mas também experimentou essa tragédia na própria pele. Ele não apenas falou ao povo rebelde acerca do amor de Deus, mas também demonstrou esse amor.

Concordo com Dionísio Pape quando diz: "O profeta do Senhor *é* sempre a sua mensagem. Proclama a mensagem verbalmente, mas também a vive na carne".[36] David Hubbard diz que o próprio Oseias é um sinal para o povo, um símbolo profético da ira de Deus e do seu amor na restauração.[37] O profeta e seus filhos eram literalmente a mensagem de Deus àquele povo superficial que tratava a palavra de Deus levianamente.

Crabtree disse com razão que nenhum profeta do Antigo Testamento, com a provável exceção de Jeremias, experimentou emoções religiosas tão profundas como Oseias. Nenhum, com exceção de Isaías, entendeu tão claramente o amor e a graça de Deus como este mensageiro do Senhor.[38]

Oseias profetizou num tempo de prosperidade financeira e decadência espiritual. Depois da morte de Salomão, em 931 a.C., dez tribos cismáticas romperam com a dinastia de Davi e seguiram Jeroboão I, formando o Reino do Norte. Esse reino foi levado cativo pela Assíria em 722 a.C. Nesses 209 anos, eles tiveram dezenove reis e oito diferentes dinastias, e nenhum desses reis andou com Deus. Todos eles se desviaram à semelhança de Jeroboão I, que induziu o povo a adorar um bezerro de ouro em lugar de servir ao Deus vivo.

Deus levantou Oseias nesse tempo de apostasia religiosa. Contemporâneo de Isaías, Amós e Miqueias, esse paladino da graça mostra com cores fortes o imensurável amor de Deus a um povo ingrato e rebelde. Destacamos aqui alguns pontos para a nossa reflexão.

O profeta é apresentado (1.1)

O livro de Oseias começa assim: "Palavra do Senhor, que foi dirigida a Oseias, filho de Beeri, nos dias de Uzias, Jotão, Acaz e Ezequias, reis de Judá, e nos dias de Jeroboão, filho de Joás, rei de Israel" (1.1). Três fatos merecem destaque aqui:

Em primeiro lugar, *a legitimidade do profeta*. "Palavra do Senhor, que foi dirigida a Oseias..." Oseias não se constituiu profeta nem foi apontado por homem algum. Ele é profeta de Deus. Ele não criou a mensagem; a mensagem lhe foi dada. Ele não era a fonte da mensagem, apenas o seu instrumento. Sua autoridade procedia de Deus. Sua mensagem emanava do próprio Deus. Quando Oseias falava, era o próprio Deus falando ao povo.

Em segundo lugar, *a filiação do profeta*. "[...] filho de Beeri..." Nada sabemos acerca do pai de Oseias, exceto o seu nome, cujo significado é "minha fonte ou meu poço". A simples citação do nome do pai de Oseias demonstra que se tratava de alguém conhecido e destacado na sociedade. David Hubbard, porém, pensa diferente. Para ele, a menção do nome do pai de Oseias não desempenha outro papel no texto, senão o de distinguir nosso Oseias de outros de nome idêntico ou semelhante.[39]

Em terceiro lugar, *a extensão do ministério do profeta*. "[...] nos dias de Uzias, Jotão, Acaz e Ezequias, reis de Judá, e nos dias de Jeroboão, filho de Joás, rei de Israel". Oseias começa a profecia datando-a. Ele profetizou por um longo tempo em Israel. Entregou sua mensagem num tempo de transição em Israel, ou seja, começando no período áureo de Jeroboão II e terminando sua profecia no tempo tempestuoso e catastrófico da derrocada do reino após a morte do grande monarca.

Tanto Uzias quanto Jeroboão II desfrutaram de grande prosperidade financeira. Foi um tempo de paz nas fronteiras e riquezas dentro das divisas. Porém, a riqueza em Israel estava nas mãos dos ricos. Os pobres eram injustiçados tanto na economia quanto nos tribunais. Nesse tempo de fausto e luxo, a nação avançava celeremente para um abismo moral e espiritual, culminando em seu irremediável cativeiro em 722 a.C.

Derek Kidner diz que os dois fortes monarcas, Jeroboão II, de Israel, e o seu contemporâneo Uzias, de Judá, estavam quase no final de seus reinados, enquanto a distante Assíria se elevara a um novo pico de terrível poder e belicosidade. Em pouco tempo começou a marchar contra a Palestina. Dentro de uma geração o reino de Israel estaria extinto. A essa geração Oseias foi enviado a pregar arrependimento.[40]

O casamento do profeta é determinado (1.2,3a)

Poucos textos da Bíblia são mais polêmicos do que o casamento do profeta Oseias. Não há consenso entre os estudiosos acerca do significado do seu casamento nem mesmo da identidade de sua mulher. Como já afirmamos no capítulo 1, há várias interpretações sobre a natureza do casamento de Oseias com Gômer.

Concordo com A. R. Crabtree que esse casamento é certamente um símbolo do adultério espiritual de Israel.[41] J. Sidlow Baxter diz que, mediante o seu relacionamento cruelmente profanado com Gômer, Oseias veio a compreender o verdadeiro significado do pecado de Israel: adultério espiritual e até prostituição. O pecado do adultério tem sido definido como "busca de satisfação em relações ilícitas". A prostituição é ainda pior. É o pecado de "prostituir bens superiores por causa de dinheiro e de lucro".[42] Destacamos aqui apenas duas interpretações principais acerca do casamento do profeta.

Em primeiro lugar, *Gômer era uma mulher casta antes do casamento, mas tornou-se infiel depois do matrimônio.* Vários eruditos entendem que Gômer era uma mulher casta antes do casamento e só se prostituiu depois que contraiu matrimônio com Oseias.[43] A razão principal para essa interpretação é que seria incompatível com o caráter santo de Deus ordenar a seu profeta algo moralmente reprovável e expor seu mensageiro a tal opróbrio.

Crabtree diz que essa interpretação salvaguarda o caráter moral do profeta e defende o caráter santo de Deus.[44] Embora essa interpretação nos seja mais palatável, não é isso que o texto diz. Vejamos: "Quando pela primeira vez falou o SENHOR por intermédio de Oseias, então lhe disse: Vai, toma uma mulher de prostituições e terás filhos de prostituição; porque a terra se prostituiu, desviando-se do SENHOR" (1.2).

Em segundo lugar, *Gômer já era uma mulher prostituta antes do profeta se casar com ela.* Embora esse fato ofereça algumas dificuldades e nos cause certo constrangimento, é exatamente isso que o texto afirma. Vários eruditos subscrevem essa posição.[45] Oseias amava Gômer não com base em suas virtudes, mas apesar de seus pecados.

É importante ressaltar que Oseias está representando o amor incompreensível de Deus a um povo infiel. Quando Deus chamou Abrão para formar por meio dele uma grande nação, tirou-o do meio de um povo idólatra. Israel continuou ao longo dos anos sendo infiel a Deus, quebrando sua aliança e indo após outros deuses.

Warren Wiersbe diz que, como Gômer, Israel começou como idólatra, "casou-se" com Jeová e acabou voltando à idolatria. Se Oseias tivesse se casado com uma mulher casta que mais tarde tornou-se infiel, a expressão "mulher de prostituições" em 1.2 deveria significar, então, "uma mulher com tendência ao meretrício que viria a prostituir-se posteriormente", o que parece uma interpretação forçada desse versículo.[46]

Isaltino Filho tem razão quando diz que o casamento de Oseias com Gômer foi uma tragédia, mas a tragédia de Oseias ilustra a tragédia de Deus.[47] Ao se envolver com outros deuses, Israel adulterou, e o esposo podia rejeitá-lo. A insistência de Israel na idolatria, com várias divindades, configurava mais que adultério. Era prostituição. O casamento estava terminado. Havia motivo mais que justificado.[48]

Concordo com David Hubbard quando ele diz que a prostituição pode descrever atos literais de luxúria ilícita como atos religiosos de infidelidade. A prostituição é tanto física quanto religiosa. O povo de Israel era culpado de ambas.[49] Gleason Archer traduz corretamente a infidelidade "conjugal" de Israel:

> O casamento infeliz de Oseias havia sido planejado por Deus mesmo, para servir de ilustração sumamente dolorosa do Reino do Norte, cujos cidadãos abandonaram o culto a Iavé, para adorar os vários deuses das religiões degeneradas de Canaã e Fenícia. É claro que Deus sabia de antemão que a nação de Israel lhe seria ingrata nos séculos vindouros, mesmo quando o Senhor tomara essa nação para ser sua "esposa", segundo a aliança, cujo casamento ocorrera nos dias de Moisés no monte Sinai. A infelicidade de Oseias deveria servir de parábola ao insucesso de comunhão de Deus com Israel.[50]

Quando Deus falou por intermédio de Oseias, a primeira mensagem não foi dirigida ao povo, mas ao próprio profeta. O profeta é o primeiro público-alvo da própria mensagem recebida de Deus: "Quando pela primeira vez falou o SENHOR por intermédio de Oseias, então lhe disse..." (1.2).

É importante destacar, ainda, que Oseias não desobedece, não questiona nem protela a ordem de Deus. O Senhor lhe disse: "Vai, toma uma mulher de prostituições e terás filhos de prostituição..." (1.2). A resposta de Oseias é imediata: "Foi-se, pois, e tomou a Gômer..." (1.3). Nada se diz a respeito dos sentimentos de Oseias nem sobre o processo pelo qual ele cumpriu a ordem. A palavra eficaz de Iavé estava em ação. A desobediência seria inconcebível.[51]

Os filhos do profeta são anunciados (1.3-9)

Se o casamento de Oseias com Gômer retratava o amor de Deus a um povo ingrato e infiel, os filhos de Oseias representavam o juízo de Deus a esse povo. O casal teve três filhos: Jezreel, Lo-Ruama e Lo-Ami. São nomes carregados de simbolismo.

Não podemos afirmar, com base no texto, que os três filhos eram todos de Oseias. O texto parece nos sugerir que apenas o primeiro era filho de Oseias, ao passo que Desfavorecida e Não-Meu-Povo eram filhos de prostituição. Esses nomes constituem a personificação da palavra de Deus a Israel e a nós: cada um deles é um símbolo vivo e um presságio. Os três presságios constituem um crescendo. Não se vê nenhuma brecha nas nuvens, e as trevas vão ficando mais densas a cada nova criança que nasce.[52] Quais são os presságios anunciados por intermédio dos filhos do profeta?

Em primeiro lugar, *Jezreel, o juízo de Deus aos reis e ao povo de Israel* (1.3-5).

> Foi-se, pois, e tomou a Gômer, filha de Diblaim, e ela concebeu e lhe deu um filho. Disse-lhe o SENHOR: Põe-lhe o nome de Jezreel; porque daqui a pouco castigarei, pelo sangue de Jezreel, a casa de Jeú, e farei cessar o reino da casa de Israel. Naquele dia quebrarei o arco de Israel no vale de Jezreel.

O nome do primogênito de Oseias era assustador. Jezreel significa *Iavé semeia*. Era o nome do campo de batalha onde Jeú exterminou a família de Acabe (2Rs 9.10). Jezreel foi um campo de sangue, um lugar de chacina, onde Jeú executou o juízo de Deus sobre os membros da casa de Acabe. Derek Kidner diz que um profeta colocar em seu filho um nome desses seria o mesmo que um político chamar seu filho de Canudos, Farrapos ou Hiroshima.[53]

O problema de Jeú é que ele foi além do que Deus o mandou fazer (2Rs 9–10). Ele errou quanto à forma, quanto à motivação e quanto à essência. Por ter cumprido o propósito de Deus de vingar-se da casa de Acabe, Deus lhe prometeu quatro gerações no trono, mas agora chegara a hora de Deus castigar a casa de Jeú pelo sangue de Jezreel.

As trapaças de carnificina e hipocrisia, o fanatismo, o egoísmo e a sede de sangue tornaram "o sangue de Jezreel" uma nódoa acusadora. Jeú e seus descendentes foram longe demais: seu zelo pela matança ultrapassou todos os limites; sua ambição superou qualquer senso de comissão divina; seu governo, embora impedisse o culto a Baal, patrocinado por Acabe e Jezabel, pouco fez para levar o povo de volta à adoração de Deus.[54] Nessa mesma linha de pensamento, A. R. Crabtree escreve:

> O profeta Eliseu tinha orientado a revolta de Jeú contra Acabe (2Rs 9.7), por causa do sangue derramado por Jezabel, mas isto não significou que ele apoiou a brutalidade de Jeú no derramamento de

sangue inocente. O profeta Oseias condena severamente o sanguinário Jeú, e declara que o Senhor quebrará o arco de Israel no vale de Jezreel, no mesmo lugar onde Jeú foi além da sua incumbência, recebida do profeta, e derramou muito sangue inocente.[55]

Deus colocaria um fim não apenas na dinastia de Jeú, mas também no Reino do Norte. A casa de Jeú caiu com a morte do rei Zacarias (2Rs 15.8-12), e depois de trinta anos de golpes e contragolpes, o reino foi despedaçado pela Assíria para nunca mais se recuperar. Deus quebrou o arco de Israel e o entregou nas mãos da Assíria, no vale de Jezreel. Aquele mesmo lugar que fora o vale da vitória de Gideão (Jz 6.33–7.23) agora se transforma num massacre selvagem, quando o próprio Deus deixa seu povo impotente diante da invasão avassaladora da Assíria.

Em segundo lugar, *Desfavorecida, o perdão de Deus é retido* (1.6,7).

> Tornou ela a conceber e deu à luz uma filha. Disse o SENHOR a Oseias: Põe-lhe o nome Desfavorecida; porque eu não mais tornarei a favorecer a casa de Israel, para lhe perdoar. Porém da casa de Judá me compadecerei e os salvarei pelo SENHOR seu Deus, pois não os salvarei pelo arco, nem pela espada, nem pela guerra, nem pelos cavalos, nem pelos cavaleiros.

A filha de Gômer chamou-se Lo-Ruama, cujo significado é *não-compaixão*. O hebraico *lo* é o termo para a negativa categórica, sem contestação e sem vacilação. Não haveria compaixão alguma.[56]

O texto não diz que Desfavorecida é filha de Oseias. O *lhe* do versículo 3 está ausente nos versículos 6 e 8. Tudo faz crer que essa filha é fruto da infidelidade conjugal de Gômer. O nome da filha era um presságio à nação. A infidelidade espiritual de Israel chegara ao limite máximo. A prostituição espiritual do povo indo atrás de outros deuses havia provocado a ira de Deus, e o Senhor então resolveu reter o seu perdão.

A profecia de Oseias foi cumprida na destruição de Israel por Sargão II (2Rs 17). Ao mesmo tempo em que puniu a Israel, Deus prometeu compadecer-se do Reino do Sul e salvá-lo por intermédio de seu braço forte. Isso aconteceu na tentativa de invasão da Assíria em Jerusalém, no reinado de Ezequias. Deus dispersou o inimigo e livrou seu povo, mas Israel não teve o mesmo destino (Is 37.1-38).

Concordo com Derek Kidner quando diz que o efeito do nome *Desfavorecida* é assustador e trágico: este presságio atinge mais profundamente do que o primeiro, *Jezreel*, pois embora seja bastante perturbador perder uma guerra e um reino, ainda é mais desesperador perder a misericórdia e a compaixão de Deus.[57] Havia chegado o fim para o povo de Israel. O seu julgamento era inevitável.

Oráculos, porém, iguais a esse são gritos de advertência, não sentenças irrevogáveis. Podemos entender isso melhor olhando para a profecia de Jonas e de Jeremias. Jonas anunciou que Nínive seria subvertida dentro de quarenta dias, mas diante do arrependimento do povo, Deus suspendeu o juízo e concedeu sua misericórdia. Deus fala por intermédio do profeta Jeremias: "No momento em que eu falar acerca de uma nação, ou de um reino, para o arrancar, derribar e destruir, se a tal nação se converter da maldade contra a qual eu falei, também eu me arrependerei do mal que pensava fazer-lhe" (Jr 18.7,8).

Em terceiro lugar, *Não-Meu-Povo, a aliança de Deus é rompida* (1.8,9). "Depois de haver desmamado a Desfavorecida, concebeu e deu à luz um filho. Disse o SENHOR a Oseias: Põe-lhe o nome de Não-Meu-Povo, porque vós não sois meu povo, nem eu serei vosso Deus". O terceiro filho de Gômer é Lo-Ami, literalmente "Não-Meu-Povo". O juízo viria e seria sem compaixão, porque Israel não era mais povo de Deus.[58]

À semelhança da Desfavorecida, Lo-Ami parece não ser filho de Oseias. Deve ter sido fruto da infidelidade de Gômer ou um filho de prostituição (1.2). Oseias recebe ordem de Deus para dar-lhe o nome de *Não-Meu-Povo*. Em virtude da contumaz infidelidade de Israel, Deus lhe dá carta de divórcio e rompe sua aliança com ele. Israel não é mais povo de Deus, nem Deus é mais o Deus de Israel. Era o fim da linha. Era a tragédia consumada.

Derek Kidner escreve:

> Israel podia ser nominalmente do Senhor, mas na realidade era filha do seu tempo e de seu mundo pagão. Da mesma forma, Iavé podia ser nominalmente o seu Deus; mas, considerando que ele não aceita ser partilhado, a presença de outros deuses nega categoricamente esse relacionamento.[59]

David Hubbard deixa claro que a ameaça aqui é intensificada. Pela primeira vez na sequência de sinais, o Senhor fala ao povo. De 1.2 até 1.9a, ele falou a Oseias *acerca de* Israel, agora ele fala *a* Israel na segunda pessoa do plural, anunciando a situação difícil em que eles se colocaram e declarando o veredicto.[60]

A restauração é proclamada (1.10,11; 2.1)

Oscar Reed diz corretamente que, de modo repentino, Oseias passa da tragédia para a promessa. No meio do julgamento, o Senhor se lembrou da misericórdia.[61] Da escuridão do desespero brota a luz da esperança. Na ira,

Deus se lembra da sua misericórdia e faz promessas de restauração ao seu povo. Os três oráculos desastrosos são totalmente alterados. O nome de cada filho é transformado, passando de sinal de juízo para sinal de graça.[62]

Charles Feinberg diz que Oseias reúne palavras de muito conforto às suas sombrias predições. Nos versículos de 1.10 a 2.1, o profeta promete cinco grandes bênçãos a Israel: 1) crescimento nacional (1.10a); 2) conversão nacional (1.10b); 3) reunião nacional (1.11a); 4) direção nacional (1.11b); 5) restauração nacional (2.1).[63]

Concordo com Gerard Van Groningen quando diz que o ponto a ser destacado aqui é que o profeta não proclama a dissolução total do laço do pacto. Assim como Oseias foi buscar sua esposa e a trouxe de volta, assim Iavé cortejará, chamará, insistirá e trará de volta o seu povo aos laços do pacto de vida e amor.[64] Destacamos aqui alguns pontos:

Em primeiro lugar, *a restauração é iniciativa de Deus, e não do povo* (1.10). "Todavia o número dos filhos de Israel será como a areia do mar..." É Deus quem toma a iniciativa de restaurar o seu povo. É Deus quem muda a sua sorte. Tudo provém de Deus. É ele quem dá o arrependimento para a vida e quem predispõe seu próprio povo a voltar ao seu primeiro amor.

Gerard Van Groningen tem razão quando diz que é Iavé quem ama sua esposa (1.7; 2.23; 9.15; 11.1-4) e quem se ligou a ela (2.19,20). Iavé havia provido para ela um ancestral patriarcal, a saber, Jacó (12.3,4,12); tinha-a libertado do Egito (11.1; 12.9,13; 13.4). Ele fizera um pacto com ela no Sinai (6.7; 8.1). Provera todas as necessidades de sua noiva (2.8; 10.1; 11.3,4; 12.10; 13.5,6). Ele a cortejara quando ela se afastara dele (2.14; 11.8). Ele insistira com ela para retornar e ser-lhe fiel (6.1-3; 14.1,2). Ele prometeu uma restauração e um futuro glorioso (1.10,11; 2.16,20,23; 13.14).⁶⁵

Em segundo lugar, *a restauração é maior do que a queda* (1.10). "[...] o número dos filhos de Israel será como a areia do mar, que se não pode medir nem contar..." Em vez de Deus destruir seu povo, vai multiplicá-lo. Em vez de varrê-lo do mapa, vai ampliar seus horizontes. Em vez de limitá-lo, vai expandi-lo. Derek Kidner diz que a menção de "areia do mar, que se não pode medir nem contar" leva-nos de volta a Abraão para nos fazer lembrar que a antiga promessa ainda continua em pé, e que Deus permanece fiel a ela.⁶⁶ Deus vai formar um novo Israel, procedente não apenas daqueles que têm o sangue de Abraão nas veias, mas a fé de Abraão no coração. Deus vai chamar de entre as nações um povo escolhido e peculiar.

Em terceiro lugar, *a restauração implica a reunião dos que foram separados* (1.11). "Os filhos de Judá e os filhos de Israel se congregarão, e constituirão sobre si uma só cabeça, e subirão da terra; porque grande será o dia de Jezreel." A divisão do reino nunca foi propósito de Deus. O rompimento com a dinastia davídica estava na contramão da vontade de Deus. A ferida causada pelo homem seria curada por Deus. A brecha aberta pelo homem seria tapada por Deus. A divisão provocada pelo homem seria reconciliada por Deus. Israel deveria novamente ser um só povo, um só reino. Essa reunificação seria obra divina, e não iniciativa humana.

Depois do cativeiro assírio e do cativeiro babilônico, não se fala mais em dois reinos. Aqueles que voltam do cativeiro formam o povo de Israel, embora nem todos tenham voltado desses exílios. Por conseguinte, essa profecia tem pleno cumprimento no futuro. Conforme Romanos 11.25,26,

Deus ainda tem um plano de restauração espiritual para a nação de Israel. Embora Deus tenha um plano para a restauração espiritual do Israel étnico, duas vezes o Novo Testamento toma essa profecia e a confronta com uma multidão ainda maior, inclusive agora samaritanos e gentios, a quem Deus estava dizendo com motivos ainda melhores: Chamarei povo meu ao que não era meu povo; e amada à que não era amada (1Pe 2.10; Rm 4.9-25; Gl 3.7,8).

Derek Kidner conclui esse pensamento de forma magistral quando diz que a profecia, de fato, depois de se referir à era pós-exílica, chega até o presente e chama a nós, os crentes, de "Israel de Deus", sendo judeus ou gentios. Assim o Novo Testamento esclarece o oráculo; e a sua consumação foi a alegria que levou Jesus à cruz, "[...] para morrer [...] não somente pela nação, mas também para reunir em um só corpo os filhos de Deus, que andam dispersos" (Jo 11.51,52).[67]

Em quarto lugar, *a restauração implica o triunfo da misericórdia sobre a ira* (1.11; 2.1). "Os filhos de Judá e os filhos de Israel se congregarão, e constituirão sobre si uma só cabeça, e subirão da terra; porque grande será o dia de Jezreel. Chamai a vosso irmão: Meu-Povo, e a vossa irmã: Favor." Jezreel não será mais lugar de massacre e juízo, mas de reunião e restauração. A Desfavorecida será chamada Favor, e o Não-Meu-Povo será chamado Meu-Povo. Deus reverte a situação. Cancela o juízo e concede misericórdia. Suspende o castigo e derrama graça.

David Hubbard coloca essa restauração prometida em quatro etapas: A primeira etapa é a volta do exílio (11.10,11). A volta foi vista como reunificação e restauração dos dois reinos. A segunda etapa acontece no nascimento de Jesus como o Messias, como cumprimento das promessas feitas a Abraão (Lc 1.55), a Davi (Lc 1.32,33) e ao povo por intermédio dos profetas (Mt 1.23; 2.6). A terceira etapa é a formação da igreja (Rm 9.25,26; 1Pe 2.10). A última etapa é a volta de Jesus Cristo, quando se dará a plena manifestação do amor soberano e do julgamento perfeito de Deus.[68]

Notas do capítulo 2

[35] Hubbard, David A. *Oseias: Introdução e comentário.* 2006: p. 59.
[36] Pape, Dionísio. *Justiça e esperança para hoje.* 1983: p. 12.
[37] Hubbard, David A. *Oseias: Introdução e comentário.* 2006: p. 61.
[38] Crabtree, A. R. *O livro de Oseias.* 1961: p. 41.
[39] Hubbard, David A. *Oseias: Introdução e comentário.* 2006: p. 64.
[40] Kidner, Derek. *A mensagem de Oseias.* 1988: p. 14.
[41] Crabtree, A. R. *O livro de Oseias.* 1961: p. 45.
[42] Baxter, J. Sidlow. *Examinai as Escrituras – Ezequiel a Malaquias.* 1995: p. 106.
[43] Dentre esses citamos David Hubbard, A. R. Crabtree, Dionísio Pape, Charles Feinberg, J. Sidlow Baxter, Clyde Francisco.
[44] Crabtree, A. R. *O livro de Oseias.* 1961: p. 47.
[45] Dentre esses citamos Derek Kidner, Gerard Van Groningen, Warren Wiersbe, Myer Pearlman, Isaltino Gomes Filho.

46. WIERSBE, Warren W. *Comentário bíblico expositivo*. Vol. 4. 2006: p. 392.
47. COELHO FILHO, Isaltino Gomes. *Os profetas menores (I)*. 2004: p. 24.
48. COELHO FILHO, Isaltino Gomes. *Os profetas menores (I)*. 2004: p. 23.
49. HUBBARD, David A. *Oseias: Introdução e comentário*. 2006: p. 68.
50. ARCHER, Gleason. *Enciclopédia de dificuldades bíblicas*. Editora Vida. São Paulo, SP. 1997: p. 315.
51. HUBBARD, David A. *Oseias: Introdução e comentário*. 2006: p. 67.
52. KIDNER, Derek. *A mensagem de Oseias*. 1988: p. 15,16.
53. KIDNER, Derek. *A mensagem de Oseias*. 1988: p. 16.
54. HUBBARD, David A. *Oseias: Introdução e comentário*. 1988: p. 70.
55. CRABTREE, A. R. *O livro de Oseias*. 1961: p. 49.
56. COELHO FILHO, Isaltino Gomes. *Os profetas menores (I)*. 2004: p. 26.
57. KIDNER, Derek. *A mensagem de Oseias*. 1988: p. 18.
58. COELHO FILHO, Isaltino Gomes. *Os profetas menores (I)*. 2004: p. 26.
59. KIDNER, Derek. *A mensagem de Oseias*. 1988: p. 19.
60. HUBBARD, David A. *Oseias: Introdução e comentário*. 2006: p. 73.
61. REED, Oscar. *O livro de Oseias*. In *Comentário bíblico Beacon*. Vol. 5. 2005: p. 30.
62. HUBBARD, David A. *Oseias: Introdução e comentário*. 2006: p. 76.
63. FEINBERG, Charles L. *Os profetas menores*. 1988: p. 16.
64. VAN GRONINGEN, Gerard. *Revelação messiânica no Velho Testamento*. 1995: p. 440.
65. VAN GRONINGEN, Gerard. *Revelação messiânica no Velho Testamento*. 1995: p. 441,442.
66. KIDNER, Derek. *A mensagem de Oseias*. 1988: p. 19.
67. KIDNER, Derek. *A mensagem de Oseias*. 1988: p. 21.
68. HUBBARD, David A. *Oseias: Introdução e comentário*. 2006: p. 78,79.

Capítulo 3

Adultério, divórcio e novo casamento
Oseias 2.2-23

O TEXTO EM TELA pinta com cores fortes a infidelidade de Israel, a disciplina de Deus e a sua misericórdia restauradora. O texto começa com repreensão e termina com restauração. O Deus da disciplina é também o Deus da restauração. O mesmo que faz a ferida é aquele que a fecha.

Charles Feinberg diz que podemos sintetizar esse parágrafo com dois termos: vale de Acor e porta da esperança. Deus rejeita Israel: é este o vale de Acor. Deus reivindica Israel: esta é a porta da esperança.[69]

Três verdades essenciais são tratadas nesse parágrafo: o divórcio, suas consequências e o novo casamento. Detalharemos, aqui, esses pontos:

O divórcio declarado (2.2-8)

Israel havia rompido sua aliança com Deus, quebrara seus votos de fidelidade, indo após outros deuses e se prostituindo com eles. A idolatria de Israel era como a infidelidade conjugal. O adultério rompeu o laço de casamento de Israel com o Senhor e impossibilitou a comunhão da esposa com o seu marido.[70] Destacaremos alguns pontos para a nossa reflexão:

Em primeiro lugar, *a repreensão* (2.2). "Repreendei vossa mãe, repreendei-a, porque ela não é minha mulher, e eu não sou seu marido, para que ela afaste as suas prostituições de sua presença, e os seus adultérios de entre os seus seios." Oseias faz uma transição dos filhos (2.1) para a esposa (2.2) e destaca que Israel é passível de repreensão por causa de suas prostituições e adultérios. Os filhos têm de contender com a mãe em vez de acusar Deus.

Oscar Reed ressalta que o discurso é dirigido aos filhos, e não à esposa. Ainda que o Senhor se dirija à nação idólatra, ele reconhece que as pessoas não estavam individualmente envolvidas da mesma forma nem eram igualmente culpadas de transgressão. Cada indivíduo era responsável pela própria integridade espiritual. O Senhor tinha os sete mil durante o tempo de Elias (1Rs 19.18), e em cada geração havia os que eram fiéis ao concerto mesmo em meio a uma nação pecadora.[71]

Entrementes, Derek Kidner diz que Israel, em sua apostasia, poderia ser comparado a uma geração de filhos fora de controle (1.4) ou nascidos fora do casamento (1.6-9), bem como a uma esposa volúvel.[72] O povo da aliança havia abandonado o Deus vivo, criador, provedor e redentor, para se curvar diante dos ídolos pagãos. Essa idolatria era uma prostituição espiritual.

Warren Wiersbe diz que a nação de Israel era culpada de adorar aos deuses das nações pagãs a seu redor, especialmente o deus cananeu da chuva, Baal. Sempre que havia uma seca ou fome, em vez de se voltarem para o Senhor, os israelitas buscavam a ajuda de Baal (1Rs 18, 19). A adoração pagã envolvia ritos sensuais de fertilidade, e para isso havia prostitutos cultuais de ambos os sexos. A idolatria era sinônimo de prostituição tanto no sentido literal quanto no simbólico.[73] Essa infidelidade espiritual de Israel precisava ser repreendida.

Em segundo lugar, *a exposição* (2.3,4). "[...] para que eu não a deixe despida, e a ponha como no dia em que nasceu, e a torne semelhante a um deserto, e a faça como terra seca, e a mate à sede, e não me compadeça de seus filhos, porque são filhos de prostituições." Se Israel não abandonasse a idolatria e não se voltasse para o Senhor, seria despido como se achava no deserto (Ez 16.1-34). Se não voltasse ao caminho da retidão, sofreria as consequências das suas prostituições e do seu adultério. A sua terra se tornaria como deserto, sem habitantes, porque o povo seria levado ao cativeiro.[74] A. R. Crabtree descreve corretamente essa situação:

> No capítulo 16 de Ezequiel, a nação é representada como criança nua, abandonada na sujeira. O Senhor, na sua grande compaixão, tomou para si a pobre desamparada, cobriu a sua nudez com vestes ricas e ornamentos preciosos, e fez com ela um concerto de amor, tomando-a como esposa. Se a apóstata desprezar o amor conjugal, e o privilégio de voltar ao marido, ela sofrerá a vergonha de ficar despida, como no dia do nascimento, e assim privada da sua beleza se tornará como terra seca, e perecerá de sede.[75]

O salário do pecado é a morte. O preço da infidelidade é muito alto. A falta de arrependimento de Israel o exporia a uma situação de vexame, vergonha, miséria, pobreza, abandono e morte. Como consequência da sua infidelidade, Israel sofreu um amargo cativeiro. A Assíria invadiu sua terra, saqueou suas cidades, apropriou-se de suas riquezas. Israel perdeu seus bens, sua terra, sua liberdade, sua soberania nacional e sofreu as agruras da humilhação e das privações em terra estrangeira, e tudo isso por causa de sua prostituição espiritual.

Em terceiro lugar, *a infidelidade* (2.5a). "Pois sua mãe se prostituiu: aquela que os concebeu houve-se torpemente..." A relação de Deus com Israel era como uma aliança conjugal. Israel havia se casado com o Senhor no Sinai. Israel prometeu a Deus fidelidade. Porém, logo se desviou da aliança e começou a flertar com outros deuses. Não tardou para que Israel abandonasse a Deus, seu marido, para prostituir-se com outros deuses. A idolatria é infidelidade a Deus. É rompimento da aliança. É quebra dos votos de fidelidade. A idolatria é uma torpeza.

Em quarto lugar, *o engano* (2.5b). "[...] porque diz: Irei atrás de meus amantes, que me dão o meu pão e a minha água, a minha lã e o meu linho, o meu óleo e as minhas bebidas". A idolatria cega as pessoas. Israel chegou a consultar um pedaço de pau (4.12). Aqueles que se entregam à idolatria, Deus os entrega ao engano de seus corações. Eles ouvem a resposta de seus ídolos mortos (4.12b) para a sua própria destruição. Israel correu atrás dos ídolos, seus amantes, e atribuiu a eles as dádivas que vinham das mãos de Deus.

A. R. Crabtree diz que o baalismo praticado pelos israelitas desprezava a religião espiritual que o Senhor dos céus e da terra, o Redentor de Israel, exigia do seu povo.[76] Essa religiosidade focada no material, na prosperidade financeira mais do que nas coisas espirituais, está de volta em nossos dias com outras roupagens. Nossa geração corre atrás da bênção, mas não quer o abençoador. Nossa geração anda atrás de coisas, e não de Deus. Ela está interessada no que Deus pode dar, e não em quem Deus é.

Israel declara o propósito de buscar seus amantes: obter pão e água (o alimento necessário), lã e linho (o vestuário), óleo e bebidas (o deleite).[77] Egoisticamente Israel apropria-se dessas dádivas como algo a que tem direito, repetindo o pronome *meu*. E mais, atribuindo essas providências aos seus amantes, os ídolos, esquecendo-se de que todas essas coisas eram de Deus e vinham de Deus. David Hubbard esclarece esse ponto assim:

> Gananciosa, Israel declara que todos esses bens eram seus, ligando o sufixo hebraico *meu* a cada substantivo. Trata-se de um erro duplo: a atribuição do presente à pessoa errada e a atitude possessiva por parte de um receptor egoísta. Parte do julgamento iminente será a correção divina desse erro duplo, quando Deus tomar de volta aquilo que, por direito, sempre foi Seu (2.8,9).[78]

Em quinto lugar, *a disciplina* (2.6,7). Acompanhemos o relato que o profeta Oseias faz da disciplina de Deus à esposa infiel:

> Portanto, eis que cercarei o seu caminho com espinhos; e levantarei um muro contra ela, para que ela não ache as suas veredas. Ela irá em seguimento de seus amantes, porém não os alcançará; buscá-los-á, sem, contudo, os achar; então dirá: Irei, e tornarei para o meu primeiro marido, porque melhor me ia então do que agora (2.6,7).

A disciplina de Deus é cheia de misericórdia. Deus não permite que a esposa infiel seja feliz com seus amantes. Ele mesmo cerca seu caminho de espinhos e levanta um muro contra ela, a fim de que se sinta confusa. Mesmo quando, em sua tenaz rebeldia, ainda continua cegamente atrás de seus amantes, não os encontra. Nessa insatisfação crônica e nesse vazio frustrante, ela toma a decisão de voltar-se para Deus. O Senhor, porém, destaca que a motivação da volta não é o verdadeiro arrependimento. Não é Deus que Israel busca nessa volta, mas as bênçãos de Deus. Eles querem coisas, não Deus. O povo de Israel está centrado em si mesmo, e não em Deus. O antropocentrismo, e não o teocentrismo, é o vetor dessa volta interesseira.

Em sexto lugar, *a ingratidão* (2.8). "Ela, pois, não soube que eu é que lhe dei o grão, e o vinho, e o óleo, e lhe multipliquei a prata e o ouro, que eles usaram para Baal." Oscar Reed diz que as pessoas usavam as riquezas pessoais na fabricação do ídolo e na manutenção da adoração a Baal. O pecado de ignorar o autor das bênçãos de Israel ficava mais sério ao desperdiçar os próprios recursos dados por Deus.[79] Derek Kidner diz que, no seu pecado contra o amor, Israel aumenta ainda mais sua ofensa, não apenas ignorando o verdadeiro doador, como também cumulando o usurpador com os bens do doador.[80]

Deus abençoou o seu povo mesmo quando esse povo atribuiu essas dádivas generosas aos ídolos. Deus supriu as suas necessidades e lhes deu em abundância mesmo quando Israel não reconheceu a Deus, seu marido, como seu provedor. Deus lhes deu bens provindos de outras terras, prata e ouro, mas eles usaram esses recursos para Baal, e não para Deus. Que grande perversidade é tomar as dádivas de Deus e usá-las para adorar falsos deuses! Um dos primeiros passos para a rebelião contra Deus é recusar-se a dar graças por suas misericórdias (Rm 1.21). A ingratidão de Israel, contudo, não anulou a generosidade de Deus.

Apontadas as consequências do divórcio (2.9-13)

A infidelidade de Israel lhe custou muito caro. Ao deixar seu legítimo marido para ir atrás de seus muitos amantes, Israel entrou num caminho escorregadio de perdas irremediáveis. Destacamos, aqui, as trágicas consequências desse doloroso divórcio.

Em primeiro lugar, *a privação material* (2.9,12). O profeta Oseias deixa claro que os bens que Israel egoisticamente pensava pertencer-lhe por direito (2.5) eram bens de Deus (2.9), e Deus, seu legítimo dono, os tomaria de volta. Eis o relato do profeta:

> Portanto, tornar-me-ei, e reterei a seu tempo o meu grão, e o meu vinho; e arrebatarei a minha lã e o meu linho, que lhe deviam cobrir a nudez [...]. Devastarei a sua vide e a sua figueira, de que ela diz: Esta é a paga que me deram os meus amantes; eu, pois, farei delas um bosque, e as bestas-feras do campo as devorarão (2.9,12).

Deus toma de volta o trigo e o vinho que deveriam sustentar-lhes, bem como a lã e o linho que deveriam cobrir-lhes a nudez e devasta as lavouras e os seus frutos, que Israel pensava serem benesses de Baal, deixando o seu povo exposto à extrema miséria material, privado dos seus bens mais essenciais.

Derek Kidner diz corretamente que Israel havia se prostituído (2.5) mediante uma paga (2.12). Seus amantes eram muitos, mas sua motivação era uma só: a recompensa que poderia obter. Os deuses de Canaã eram em grande parte padroeiros da fertilidade. As pessoas sentiam-se tentadas a pedir a sua ajuda para obter os melhores resultados na lavoura, imaginando que Iavé não teria muitas condições de tratar desse assunto.[81]

Derek Kidner ainda faz uma correta conexão dessa tendência de Israel com os nossos dias ao escrever:

A ideia de que a ação do Senhor Deus tem pouca relevância no mundo natural é ideia comum à maioria secularizada, e pode exercer uma influência oculta até mesmo sobre a minoria que conscientemente a rejeita. Quer o seu lugar seja tomado por uma síntese racional como a "natureza", quer pelas fantasias da astrologia, ou pelo recurso ao ocultismo e aos demônios, resulta em um novo destronamento de Deus, o que é semelhante à sua substituição pelos baalins. E esta não é a única semelhança entre a nossa época e a deles. Se o sexo era divinizado no pensamento politeísta, agora recebe uma ênfase que chega a ser idolatria. Podemos observar ainda outro elo com a atualidade na tendência de Israel para com o sincretismo religioso (isto é, a mistura e a incorporação de uma religião em outra).[82]

Em segundo lugar, *o vexame moral* (2.10a). "Agora descobrirei as suas vergonhas aos olhos dos seus amantes..." O agente dessa exposição vexatória de Israel é o próprio Deus. Ele mesmo mostrará aos ídolos pagãos a situação vergonhosa em que Israel se encontra. A raiz da palavra "vergonha" traz a ideia de ressequido ou macilento e apresenta a figura de Israel como uma mulher amortecida, repugnante até para os seus amantes.[83] A degradação moral de Israel seria algo escandaloso, vergonhoso até mesmo entre os pagãos.

Em terceiro lugar, *a impotência assistencial* (2.10b). "[...] e ninguém a livrará da minha mão". Em vez de Israel voltar-se para Deus, seu verdadeiro marido, corria para os ídolos, seus amantes, em busca de prosperidade e atrás de alianças políticas com o Egito e a Assíria para obter segurança. No entanto, nenhuma entidade religiosa nem qualquer potência militar poderiam livrar Israel das mãos de Deus. Sua situação era irremediável. Sua vulnerabilidade vinha do próprio Deus.

Em quarto lugar, *a decadência espiritual* (2.11). "Farei cessar todo o seu gozo, as suas festas, as suas luas novas, os seus sábados e todas as suas solenidades." Deus enviaria o povo para o cativeiro, e lá suas celebrações festivas, distorcidas e cheias de sincretismo, cessariam por completo.

Russell Norman Champlin diz que aqui temos mencionados especificamente os sábados, as luas novas e as festas solenes, provavelmente as três festividades anuais que requeriam a presença de todos os varões: a Páscoa, o Pentecostes e os Tabernáculos. Essas festas tinham perdido o seu significado para um povo idólatra, adúltero, apóstata. A alegria vinculada a elas seria perdida quando o povo fosse para o cativeiro assírio. Essas festividades tinham sido corrompidas pela adoração a Baal (2.13) e não eram mais desejadas por Deus.[84]

Em quinto lugar, *o castigo proporcional* (2.13). "Castigá-la-ei pelos dias de baalins, nos quais lhes queimou incenso, e se adornou com as suas arrecadas e com as suas joias, e andou atrás de seus amantes, mas de mim se esqueceu, diz o Senhor." Israel usou os bens recebidos de Deus para se enfeitar e se embonecar para os seus amantes. Quanto mais Israel se esquecia de Deus, tanto mais se entregava à volúpia de sua inflamada paixão pelos ídolos. Agora, Deus castigaria o seu povo pelos dias dos baalins. O sofrimento era inevitável. O pecado pode ser perdoado, mas as suas consequências não podem ser apagadas.

Charles Feinberg diz corretamente que o profeta, numa linguagem inconfundível, sintetiza a maldição e a desgraça por causa da desobediência de Israel: tudo o que lhe restará serão a nudez, o deserto, a fome, a sede, a vergonha, a tristeza, a solidão e a ruína.[85]

O novo casamento anunciado (2.14-23)

A iniciativa da reconciliação é de Deus. É Deus quem corteja, conquista e atrai Israel para si: "Portanto, eis que eu a atrairei, e a levarei para o deserto, e lhe falarei ao coração" (2.14). Longe de Deus desistir de Israel, ele passa a cortejá-la. É como o início de um novo namoro, de um novo noivado e de um novo casamento. Cheio de ternura, Deus leva Israel para a solidão do deserto para falar-lhe ao coração.

Crabtree diz que é o próprio Deus, no seu eterno amor, quem vai acordar a nação entorpecida para reconhecer a tragédia da sua infidelidade. Ele vai atraí-la de novo para ser sua esposa.[86] Dessa maneira o divórcio é revertido!

Deus dá seis passos decisivos nessa reconquista: eu a atrairei (2.14), eu lhe darei (2.15), da sua boca tirarei (2.16,17), desposar-te-ei comigo (18-20), eu serei obsequioso (2.21,22) e eu semearei (2.23).[87] O Senhor vai usar do seu encanto para falar ao coração da sua amada. Deus levará sua amada para o deserto, andará com ela, falará com ela para conquistá-la. O conceito de andar com Deus foi retomado por Jeremias, que contou essa breve lua-de-mel: "Lembro-me de ti, da tua afeição quando eras jovem, e do teu amor quando noiva, e de como me seguias no deserto, numa terra em que se não semeia" (Jr 2.2).[88]

Nessa restauração do casamento, algumas verdades devem ser destacadas:

Em primeiro lugar, *Deus transforma desespero em esperança* (2.15). "E lhe darei, dali, as suas vinhas, e o vale de Acor por porta de esperança; será ela obsequiosa como nos dias da sua mocidade, e como no dia em que subiu da terra do Egito." O vale de Acor foi o lugar na entrada da terra prometida onde Israel foi derrotado por Ai, em virtude do pecado de Acã (Js 7.24-26).

Agora, Deus transforma o cenário de desespero, tribulação e derrota, o vale da inquietação, em porta de esperança. Deus transforma os sentimentos de sua amada e também as circunstâncias à sua volta. O vale de Acor é batizado por outro nome. Em lugar de derrota e fracasso, despontam a esperança e a vitória. Assim Deus exorciza os fantasmas do passado de Israel.[89]

Em segundo lugar, *Deus transforma infidelidade em fidelidade* (2.16). "Naquele dia, diz o SENHOR, ela me chamará: Meu marido; e já não me chamará: Meu Baal." *Aquele dia* (2.16,18,21), no Antigo Testamento, aponta para o grande dia, o dia do Senhor, não simplesmente para um dia no futuro próximo. Para nós, esse dia raiou no primeiro advento, embora só vá alcançar o seu pleno fulgor no segundo.[90]

Quando esse dia chegar, em vez de Israel dirigir-se a Baal chamando-o de *Baali*, "meu senhor, meu mestre", se dirigirá ao Senhor, chamando-o de *Ishi*, "meu marido". Nesse tempo, a infidelidade cessará, e a fidelidade a Deus será declarada. Esse é o tempo da restauração. É importante esclarecer que Baal não é propriamente o nome de uma divindade. É um termo genérico, significando "dono, senhor, possuidor, marido, mestre".

Israel deixaria o amante Baal, com quem vivia, e voltaria para o esposo que a esperava, Iavé.[91] Baal era um título padrão para divindades, desde o litoral da Filístia até o vale da Mesopotâmia. Entretanto, foi Acabe quem, incentivado por sua ímpia esposa Jezabel, de Tiro, na Fenícia, tentou combinar o culto a Baal com a adoração a Deus, de forma que o primeiro veio a suplantar o segundo.[92]

Em terceiro lugar, *Deus transforma a linguagem obscena e liberta de memórias infiéis* (2.17). "Da sua boca tirarei os nomes dos baalins, e não mais se lembrará desses nomes." Israel não só corria atrás dos baalins, prostituindo-se com eles, mas também lhes rasgava os mais desabridos elogios. Sua mente e seu coração estavam apegados aos ídolos enquanto ingratamente esquecia-se do Senhor. Agora, Deus mesmo tira da sua boca os nomes de seus amantes e apaga de sua memória as lembranças de sua infidelidade.

Em quarto lugar, *Deus transforma instabilidade em segurança* (2.18). "Naquele dia farei a favor dela aliança com as bestas-feras do campo, e com as aves do céu, e com os répteis da terra; e tirarei desta o arco, e a espada, e a guerra, e farei o meu povo repousar em segurança." Essa restauração do povo de Israel inclui uma restauração cósmica.

Toda a natureza será restaurada com o povo de Deus. O equilíbrio perdido na queda será retomado. As tensões entre homens e animais deixarão de existir nesse mundo transformado por Deus. Os conflitos e guerras cessarão. O povo de Deus habitará seguro. A instabilidade da era presente será substituída pela segurança da era futura. Conforme profetizou Miqueias, cada homem se assentará sob a própria videira, e não haverá quem o espante (Mq 4.4).

Em quinto lugar, *Deus transforma separação amarga em casamento permanente* (2.19,20). "Desposar-te-ei comigo para sempre; desposar-te-ei comigo em justiça, e em juízo, e em benignidade, e em misericórdias; desposar-te-ei comigo em fidelidade, e conhecerás ao Senhor." Três vezes Deus diz a Israel que ele a desposará: para sempre (2.19); em justiça, juízo, benignidade e misericórdia (2.19); em fidelidade (2.20). Essa aliança é eterna. Não haverá divórcio nesse casamento. Assim, o novo casamento é firmado sobre cinco pilares sólidos: justiça, juízo, benignidade, misericórdia e fidelidade. Derek Kidner nos ajuda a avaliar mais claramente esses cinco pilares:[93]

Deus desposará Israel em justiça. A palavra hebraica *sedeq* fala não de uma fria retidão preocupada em manter as mãos limpas, mas de uma justiça ativa e generosa. A justiça de Deus é criativa, agindo no sentido de endireitar as piores coisas. Essa justiça fala de justificação, quando Deus nos aceita, nos absolve e nos declara justos.

Deus desposará Israel em juízo. A palavra hebraica *mispat* fala dos juízos vastos, profundos e sábios de Deus (Sl 36.6), revelando-nos sua vontade. Esses juízos não podem ser substituídos pela religiosidade epidérmica (Am 5.21-24), mas desenvolvidos e demonstrados, ainda que como dádivas de Deus.

Deus desposará Israel em benignidade. A palavra hebraica *hesed* é uma das mais ricas das Escrituras. Pode ser traduzida por "devoção", "bondade" ou "amor verdadeiro". Implica o amor e a lealdade que os parceiros do casamento ou da aliança devem um ao outro.

Deus desposará Israel em misericórdia. A palavra hebraica *rahamim* é o mais terno de todos os termos usados para misericórdia, com sentido parecido com o da sincera compaixão. Tem uma ligação especial com o nome da criança *Lo-Ruama*. Por sua natureza, Deus tem pressa para cancelar esse nome amedrontador. Essa palavra vem da mesma raiz de "entranhas". A misericórdia de Deus procede de suas entranhas!

Deus desposará Israel em fidelidade. A palavra hebraica *'emuna* traz a ideia de que, de todas as qualidades, esta é a falta mais percebida em um cônjuge que desistiu. Outras falhas podem colocar o casamento sob tensão, mas esta é decisiva. Deus, naturalmente, foi fiel o tempo todo, apesar da provocação interminável de Israel.

Israel já não é visto como uma nação prostituta ou adúltera, mas como uma virgem imaculada que nunca cometeu pecado (2Co 11.2). Concordo com Isaltino Filho quando diz que este é um dos momentos mais expressivos da teologia do Antigo Testamento. O propósito divino era a recuperação de Israel, e seu elemento motivador era seu amor. Deus queria o povo de volta, perdoaria, refaria o casamento, passaria uma borracha em tudo o que houve e se dispunha a amar com mais intensidade uma esposa que não valia a pena.[94]

Nessa nova aliança, a esposa conhece ao seu marido, o Senhor. "[...] e conhecerás ao SENHOR" (2.20b). Conhecer, neste caso, não significa a percepção de um objeto por um sujeito ou observador, mas, antes, o contato íntimo e a comunhão que dois associados experimentam quando entre eles existe o verdadeiro amor.[95]

Esta é uma das promessas supremas da nova aliança (Jr 31.34). Esse conhecimento não é apenas teórico, mas experimental. Há intimidade, comunhão, lealdade e amor. Israel se deleita em Deus, e Deus se deleita em seu povo.

Isaltino Filho novamente é oportuno quando diz que perderemos muito do ensino bíblico se analisarmos essa história apenas como algo cujas aplicações se restringem ao passado. Não estamos fazendo uma arqueologia cultural, cavando episódios exauridos no tempo. É preciso que nos vejamos aqui.

Nós, a igreja de Cristo, é que somos o povo de Deus (1Pe 2.9). Deus não tem dois povos, mas apenas um. A salvação não é racial, étnica. É pela fé em Cristo. A igreja é a noiva do Senhor (Ap 19.7; 21.9).[96]

Em sexto lugar, *Deus transforma maldição em bênção* (2.21-23). O profeta Oseias conclui esse oráculo com palavras eloquentes acerca da misericórdia divina:

> Naquele dia eu serei obsequioso, diz o SENHOR, obsequioso aos céus, e estes à terra; a terra, obsequiosa ao trigo, e ao vinho, e ao óleo; e estes a Jezreel. Semearei Israel para mim na terra, e compadecer-me-ei da Desfavorecida; e a Não-Meu-Povo direi: Tu és o meu povo; ele dirá: Tu és o meu Deus! (2.21-23).

Como que num efeito cascata, Deus é obsequioso ao céu; o céu à terra; a terra ao trigo, ao vinho e ao óleo; e estes a Jezreel. Invertendo a ordem: Jezreel pede trigo, vinho e óleo à terra; a terra pede chuva ao céu; o céu pede permissão a Deus, e de Deus vem um sonoro sim a todas essas súplicas. Nesse dia, Deus muda a sorte dos filhos de Israel. Jezreel não será mais disperso, mas semeado na terra. Desfavorecida não será mais abandonada, mas alvo da graça. Não-Meu-Povo não será mais estranho, mas povo de Deus. A promessa é que Lo-Ruama, será Ruama e que Lo-Ami será Ami. Toda maldição será não apenas desviada, mas transformada em bênção. Deus não será trocado mais por outros deuses, mas será chamado: Meu Deus! Onde havia juízo, agora há misericórdia; onde havia maldição, agora há bênção.

Notas do capítulo 3

69. FEINBERG, Charles L. *Os profetas menores*. 1988: p. 17.
70. CRABTREE, A. R. *O livro de Oseias*. 1961: p. 58.
71. REED, Oscar. *O livro de Oseias*. In *Comentário bíblico Beacon*. Vol. 5. 2005: p. 31,32.
72. KIDNER, Derek. *A mensagem de Oseias*. 1988: p. 22.
73. WIERSBE, Warren W. *Comentário bíblico expositivo*. Vol. 4. 2006: p. 393.
74. CRABTREE, A. R. *O livro de Oseias*. 1961: p. 58,59.
75. CRABTREE, A. R. *O livro de Oseias*. 1961: p. 59.
76. CRABTREE, A. R. *O livro de Oseias*. 1961: p. 61.
77. FEINBERG, Charles L. *Os profetas menores*. 1988: p. 18.
78. HUBBARD, David. *Oseias: Introdução e comentário*. 2006: p. 83.
79. REED, Oscar. *O livro de Oseias*. In *Comentário bíblico Beacon*. Vol. 5. 2005: p. 34.
80. KIDNER, Derek. *A mensagem de Oseias*. 1988: p. 26.
81. KIDNER, Derek. *A mensagem de Oseias*. 1988: p. 24,25.
82. KIDNER, Derek. *A mensagem de Oseias*. 1988: p. 25.
83. CRABTREE, A. R. *O livro de Oseias*. 1961: p. 65.
84. CHAMPLIN, Russell Norman. *O Antigo Testamento interpretado versículo por versículo*. Vol. 5. 2001: p. 3.452.
85. FEINBERG, Charles L. *Os profetas menores*. 1988: p. 18.
86. CRABTREE, A. R. *O livro de Oseias*. 1961: p. 68.
87. WIERSBE, Warren W. *Comentário bíblico expositivo*. Vol. 4. 2006: p. 394,395.
88. KIDNER, Derek. *A mensagem de Oseias*. 1988: p. 27.
89. KIDNER, Derek. *A mensagem de Oseias*. 1988: p. 27.
90. KIDNER, Derek. *A mensagem de Oseias*. 1988: p. 28.
91. COELHO FILHO, Isaltino Gomes. *Os profetas menores (I)*. 2004: p. 30,31.
92. HUBBARD, David. *Oseias: Introdução e comentário*. 2006: p. 90.
93. KIDNER, Derek. *A mensagem de Oseias*. 1988: p. 29-32.
94. COELHO FILHO, Isaltino Gomes. *Os profetas menores (I)*. 2004: p. 31.
95. CHAMPLIN, Russell Norman. *O Antigo Testamento interpretado versículo por versículo*. Vol. 5. 2001: p. 3.453.
96. COELHO FILHO, Isaltino Gomes. *Os profetas menores (I)*. 2004: p. 31,32.

Capítulo 4

Amor, tão grande amor
Oseias 3.1-5

O AMOR DE DEUS transborda no texto em tela de forma eloquente. Não se trata apenas de um sentimento profundo, mas, sobretudo, de uma ação sacrificial. Não é o amor de Oseias por Gômer que retrata o amor de Deus; é o amor de Deus por Israel que inspira o amor de Oseias por Gômer. Não é o amor do homem que exemplifica o amor de Deus; é o amor de Deus que se torna padrão para o amor do homem. É com razão que o livro de Oseias é chamado de "o evangelho segundo Oseias".

Concordo com Gary Cohen quando diz que o amor é, sem dúvida, a palavra-chave desse capítulo. O amor de Oseias por sua esposa o estimula a redimi-la, a purificá-la e a trazê-la de volta para a sua casa e o seu coração. Embora Oseias tivesse justificativas para se divorciar de Gômer (Dt 24.1), a ordem do Senhor a ele mostra que a graça é maior que a lei.[97]

O capítulo 3 de Oseias é uma das pérolas mais ricas da literatura bíblica. É uma espécie de síntese das grandes verdades evangélicas. O amor de Deus é o núcleo dessa passagem. Charles Feinberg escreve: "Conquanto o capítulo 3 de Oseias contenha tão-somente 81 palavras no texto hebraico, cabe-lhe de pleno direito um lugar entre os maiores pronunciamentos proféticos em toda a revelação de Deus".[98]

O texto em apreço fala do passado (3.1-3), do presente (3.4) e do futuro de Israel (3.5). No passado, Deus amou Israel, redimiu-o do Egito e fez uma aliança com ele (Êx 4.22; Am 3.1,2). A relação era íntima, sagrada e indissolúvel (Jr 2.2). Porém, Israel abandonou ao seu Deus e se envolveu com muitos deuses. Tornou-se uma nação infiel, adúltera e prostituta. Degradou-se, a ponto de tornar-se uma escrava.

Deus, porém, não desistiu de amar a Israel. Seu amor o impeliu a comprá-lo de volta (Zc 3.2). No presente, Israel está sem rei, sem príncipe e sem sacrifício, e isso desde o cativeiro assírio, babilônico e a dispersão romana. Desde que Israel escolheu a César como seu governo e rejeitou o Cristo de Deus é que vive privado desses privilégios.

No futuro, os filhos de Israel tornarão para Deus, buscarão ao Senhor e se aproximarão dele e da sua bondade. No versículo 1, Israel olhou para outros deuses, mas no versículo 5, a nação voltará para o verdadeiro Deus. A busca será ao seu Deus e a Davi, seu rei, na pessoa do seu filho mais importante, o Senhor Jesus Cristo.[99] Quatro verdades fundamentais são apresentadas no capítulo 3: o amor perdoador, redentor, disciplinador e restaurador de Deus.

O amor de Deus é perdoador (3.1)

Vejamos o registro do profeta: "Disse-me o SENHOR: Vai outra vez, ama uma mulher, amada de seu amigo, e adúltera, como o SENHOR ama os filhos de Israel, embora eles olhem para outros deuses, e amem os bolos de passas" (3.1). Deus é quem toma a iniciativa nesse drama. Da mesma forma como Deus falara com Oseias a primeira vez para tomar uma mulher de prostituições (1.2), agora ordena a Oseias que ame essa mesma mulher infiel e adúltera (3.1). Algumas lições importantes devem ser aqui ressaltadas:

Em primeiro lugar, *o amor de Deus é perseverante* (3.1). Disse o SENHOR: "Vai outra vez, ama uma mulher..." Derek Kidner diz que o "outra vez" na ordem divina foi uma defrontação com o fato de que velhas feridas teriam de ser reabertas e que aquilo que já tinha acontecido uma vez poderia acontecer de novo.[100] Assim como Oseias não deveria desistir da sua mulher, mesmo diante da sua ostensiva infidelidade, Deus não desiste do seu povo. Mesmo quando esse povo se torna infiel, Deus permanece fiel.

O amor de Deus é incompreensível e imerecido. Ele não nos ama por causa das nossas virtudes, mas apesar dos nossos pecados; ele não nos busca por causa dos nossos méritos, mas apesar dos nossos deméritos. O amor de Deus nos oportuniza uma segunda chance. Ele é o Deus da segunda oportunidade. Oscar Reed diz, corretamente, que foi esse amor devotado de Deus que tornou possível a reconciliação.[101]

Em segundo lugar, *o amor de Deus é incondicional* (3.1). "[...] ama uma mulher, amada de seu amigo, e adúltera..." O amor de Deus é imerecido. Como diz Derek Kidner, Deus ama seu povo apesar de sua espalhafatosa infidelidade.[102] Deus nos ama não por causa de alguma coisa boa que ele viu em nós. Ele prova seu amor por nós pelo fato de ter Cristo morrido por nós, sendo nós ainda pecadores (Rm 5.8). O amor de Deus não está focado no valor da pessoa amada. A causa do amor de Deus está nele mesmo. O amor de Deus é incondicional. Deus ama Israel não porque este corresponda a seu amor, mas apesar de Israel ter aviltado seu amor e se entregado a outros deuses.

Alguns escritores, como Clyde Francisco,[103] pensam que Deus está ordenando que Oseias ame outra mulher diferente de Gômer, mas o contexto não nos permite ter essa interpretação. A ordem para Oseias é amar a esposa infiel e adúltera. Não se trata de um segundo casamento, mas da restauração da aliança. Gômer saiu de casa, e Oseias recebeu a ordem de ir buscá-la. Assim como Deus não desiste do seu povo, Oseias não deve desistir de Gômer.

Em terceiro lugar, *o amor de Deus é sacrificial* (3.1). "[...] ama uma mulher, amada de seu amigo, e adúltera..." Deus manda Oseias amar, e não apenas cuidar. A atitude de Oseias vai além de compaixão provedora. Oseias é desafiado a amar quem não o ama. A amar quem lhe feriu o coração. A amar quem o abandonou por outros amantes. A amar quem se degradou ao extremo, rompendo a aliança conjugal. O amor de Oseias por Gômer não foi um amor barato. Ele se humilhou para amá-la. O amor de Deus por nós, também, é sacrificial. Ele nos amou e deu seu Filho. Ele amou e sofreu. Ele amou e sacrificou o seu Unigênito em nosso lugar. O amor de Deus fala de um coração partido que sangra, mas jamais desiste de amar infinitamente os objetos da sua ira.

Em quarto lugar, *o amor de Deus é modelo* (3.1). "[...] ama uma mulher, amada de seu amigo, e adúltera, como o SENHOR ama os filhos de Israel..." Foi o amor de Deus que reacendeu o amor de Oseias por sua esposa infiel. Foi o amor de Deus aos filhos de Israel que inspirou o amor de Oseias por Gômer. Deus não está exigindo nada de Oseias que ele mesmo já não tenha feito. Não foi o amor de Oseias que despertou o amor de Deus; foi o amor de Deus que despertou o amor de Oseias e lhe serviu de modelo. O amor de Deus é o padrão mediante o qual devemos medir o nosso amor. Devemos amar assim como Deus nos amou.

Em quinto lugar, *o amor de Deus é fiel* (3.1). "[...] embora eles olhem para outros deuses, e amem os bolos de passas". Deus ama os filhos de Israel apesar da infidelidade deles. Os olhos de Deus estão voltados para Israel, enquanto os filhos de Israel olham para outros deuses.

A infidelidade dos filhos de Israel não anulou nem apagou o amor fiel de Deus por eles. O amor fiel de Deus é que serviu de suporte para Oseias amar sua esposa infiel e adúltera. Israel não apenas olhou para outros deuses, mas também amou os bolos de passas. O que isso significa? Os bolos de passas, feitos de uvas e flor de farinha, eram usados no serviço de Baal. Na discussão da infidelidade de Judá, o profeta Jeremias condena a idolatria das pessoas que ofereceram bolos de passas à rainha dos céus (Jr 7.18).[104]

O amor de Deus é redentor (3.2)

Observe as palavras do profeta Oseias: "Comprei-a, pois, para mim por quinze peças de prata e um ômer e meio de cevada" (3.2). O amor não é expresso apenas em palavras, mas, sobretudo, em ação. O Deus que declara seu amor é o mesmo que redime. Destacaremos algumas lições importantes:

Em primeiro lugar, *o amor redentor valoriza o que o pecado degradou* (3.2). Gômer se degradou progressiva e profundamente. Ela se tornou infiel, adúltera, prostituta e escrava. Ela chegou ao fundo do poço. Perdeu sua dignidade humana para tornar-se um objeto, uma coisa, uma ferramenta viva, de baixo valor.

Gômer não é mais uma mulher atraente e bela, mas uma escrava arruinada, que foi colocada no balcão para ser vendida como mercadoria barata. O pecado, que lhe parecia tão atraente, a destruiu. O pecado prometeu a ela liberdade e a escravizou. Prometeu a ela prazeres e agora a degrada. Porém, apesar de sua condição aviltante, Oseias a ama e a redime. É assim o amor de Deus. Ele também nos amou e nos comprou. Estávamos rendidos ao pecado como escravos do diabo e do mundo. No entanto, Deus nos amou e nos redimiu.

Derek Kidner diz que a simples palavra "comprei" mostra com cores vivas até onde Gômer foi, até que ponto ela estava prisioneira e qual o primeiro passo que Oseias teve de dar para cumprir a ordem de amá-la.[105]

Em segundo lugar, *o amor redentor investe em quem o pecado desprezou* (3.2). Gômer foi descartada por seu amante. Ela foi usada e abusada e, agora, jogada fora como mercadoria barata. Gômer é arrastada para o mercado de escravos e vendida como peça de pouco valor. Oseias, seu marido, entra nesse leilão e oferece por ela o maior lance. Oseias a compra por quinze peças de prata e um ômer e meio de cevada. Gômer valia menos do que um escravo. O preço de um escravo comum era de trinta peças de prata, mas ela é vendida pela metade desse valor (Êx 21.32;

Lv 27.4). A outra parte é paga com um ômer e meio de cevada, ou seja, cerca de 330 litros.

Vale ressaltar que a cevada era usada para alimentar os animais. O pecado rouba o valor das pessoas, enquanto o amor de Deus investe nelas. É importante lembrar que Deus nos comprou não com prata ou ouro, mas com o sangue do seu Filho (1Pe 1.18,19). Deus pagou por nós um valor infinito.

Em terceiro lugar, *o amor redentor anseia por comunhão e não apenas por possessão*. Oseias queria Gômer como sua amada, não como escrava. Ele deveria amá-la, atraí-la, cortejá-la, restaurá-la e desfrutar com ela um íntimo relacionamento. Diz o texto: "Comprei-a, pois, para mim..."

A. R. Crabtree diz que Oseias não era obrigado a comprá-la, e a frase "para mim" indica que ele foi motivado pelo amor.[106] De igual forma, porque Deus nos amou, ele também nos redimiu. Não foi a cruz que produziu o amor de Deus; foi o amor de Deus que providenciou a cruz. Não é a redenção a causa do amor de Deus, mas a sua consequência. Deus nos comprou por alto preço para sermos dele e para termos comunhão com ele. Ele anseia por nós. Ele se deleita em nós. Somos sua noiva. Somos sua delícia. Somos a menina dos seus olhos. Somos a sua herança.

O amor de Deus é disciplinador (3.3,4)

Tendo visto o amor perdoador e redentor, analisaremos, agora, o amor disciplinador de Deus:

> [...] e lhe disse: Tu esperarás por mim muitos dias; não te prostituirás, nem serás de outro homem; assim também eu esperarei por ti. Porque os filhos de Israel ficarão por muitos dias sem rei, sem príncipe, sem sacrifício, sem coluna, sem estola sacerdotal ou ídolos do lar (3.3,4).

O mesmo Deus que ama, e no seu amor perdoa e redime, é também o Deus que disciplina. A disciplina é um ato responsável de amor. Essa profecia se cumpriu quando Israel foi levado pelos assírios em 722 a.C. Destacaremos, aqui, algumas lições oportunas:

Em primeiro lugar, *o amor disciplinador exige mudança de conduta* (3.3). "[...] não te prostituirás, nem serás de outro homem..." A disciplina exige arrependimento, e este se prova pelos seus frutos. Gômer deveria fechar a página de seus deslizes morais. Ela deveria romper com seus amantes, voltar-se para seu marido e banir da sua vida toda prática de prostituição. Ela precisava manter-se fiel ao seu marido e não pertencer mais a outro homem. A ordem de Deus não é arrependimento e novamente arrependimento, mas arrependimento e frutos de arrependimento. A prova do arrependimento é obediência.

Em segundo lugar, *o amor disciplinador implica promessa de reconciliação* (3.3). "[...] e lhe disse: Tu esperarás por mim [...], assim também eu esperarei por ti." Gômer foi privada dos privilégios da relação conjugal com seu marido. Essa disciplina, entretanto, tinha como propósito a restauração de sua fidelidade a seu verdadeiro marido.

Gômer deveria esquecer-se dos seus amantes e esperar por seu marido. O marido, por sua vez, esperaria por ela. A disciplina não é para nos afastar de Deus, mas para preparar o nosso coração para nos voltarmos para Deus. O propósito da disciplina é a reconciliação. A. R. Crabtree, falando sobre a disciplina de Gômer, escreve:

> O profeta não concede logo à mulher a plena fraternidade conjugal de uma esposa. Haverá um período de muitos dias de separação forçada para ela. Esta disciplina serviria para acalmar o espírito da mulher e

ajudá-la a adaptar-se às novas condições e contemplar o significado da sua redenção.[107]

Em terceiro lugar, *o amor disciplinador inclui a privação de privilégios* (3.4a). "Porque os filhos de Israel ficarão por muitos dias sem rei, sem príncipe, sem sacrifício..." Israel seria levado ao cativeiro. Cairia nas mãos da poderosa Assíria. Os filhos de Israel perderiam sua liberdade política, sua soberania nacional e sua terra. Em terra estrangeira, como escravos, não teriam mais governantes pátrios nem culto a Iavé. Deus mesmo os privaria dessas bênçãos legítimas. Esse era o castigo do seu pecado.

Warren Wiersbe diz corretamente que hoje Israel não tem um rei, pois rejeitou seu Rei e, portanto, não tem um reino. "Não queremos que este reine sobre nós" (Lc 19.14). "Não temos rei, senão César", disseram os judeus diante de Pilatos (Jo 19.15). Não tem príncipe, pois não há dinastia alguma reinando sobre Israel. Todos os registros foram destruídos quando os romanos tomaram Jerusalém no ano 70 d.C., e ninguém pode provar a que tribo pertence. Os israelitas não têm sacrifício, pois não há templo, nem altar, nem sacerdócio.[108]

Em quarto lugar, *o amor disciplinador requer o abandono de toda prática de idolatria* (3.4b). "[...] sem coluna, sem estola sacerdotal ou ídolos do lar". Eles não têm coluna (imagem) nem ídolos do lar (terafins), pois a idolatria foi removida da sua cultura durante o cativeiro babilônico. Falta-lhes a estola sacerdotal (éfode), pois não têm sumo sacerdote (Êx 28.1-14). O único Sumo Sacerdote reconhecido por Deus é o seu Filho, que intercede no céu.[109]

A. R. Crabtree diz que os israelitas da época evidentemente confiavam no poder mágico do éfode e dos terafins, mas, restaurados da apostasia, não terão mais necessidade desses objetos de culto. Os terafins eram figurinos na forma humana (1Sm 19.13-16), provavelmente relíquias do culto e da adoração dos antepassados.[110]

J. Sidlow Baxter comenta que essa mesma tendência de Israel de substituir a verdade pelo ritual está presente no cristianismo protestante da atualidade. Suas palavras são alerta para a igreja contemporânea:

> O cristianismo protestante organizado de hoje destaca-se por um declínio no ensino da doutrina evangélica e por um ressurgimento do ritualismo. O colapso do ensino bíblico é um resultado desse liberalismo teológico geralmente chamado de "modernismo". A volta ao ritual é uma tentativa do clero de preencher a brecha criada por essa ruptura, mas trata-se de um substituto enganoso e fútil. É a tentativa de ocultar a morte interior pela manifestação exterior. É como colocar um cadáver bem vestido no lugar de um organismo vivo. Aqueles bezerros de ouro estão de volta! Deus nos livre deles! É pela doutrina – pelo ensino da verdade da Bíblia como a Palavra de Deus que os homens aprendem e vivem, e as nações prosperam.[111]

Israel seria levado para o cativeiro por causa de sua idolatria, e no cativeiro eles abandonariam todas as práticas idólatras. A finalidade do cativeiro não era destruir Israel, mas purificá-lo. A disciplina é uma ferida que visa a cura, e não a morte. Myer Pearlman diz que esta profecia cumpriu-se admiravelmente no povo judeu. Por centenas de anos ele ficou sem rei ou príncipe, sem sacerdote ou sacrifício, e desde o regresso do cativeiro babilônico esteve livre de idolatria.[112]

O amor de Deus é restaurador (3.5)

A profecia bíblica sempre abre uma porta de esperança no cenário cinzento do desespero. Os profetas tocam a trombeta do juízo sobre o pecado, mas sempre anunciam a restauração dos que se arrependem. A misericórdia sempre triunfa sobre a ira. Onde abunda o pecado, superabunda a graça. Observe o relato de Oseias: "Depois tornarão os filhos de Israel, e buscarão ao Senhor seu Deus, e a Davi, seu rei; e, nos últimos dias, tremendo se aproximarão do Senhor e da sua bondade" (3.5).

O texto em apreço é uma das profecias mais extraordinárias acerca do futuro de Israel como nação e, ao mesmo tempo, transcende as fronteiras do Israel étnico para falar do Israel espiritual, a igreja. Algumas verdades devem ser aqui destacadas:

Em primeiro lugar, *o amor restaurador atrai os desviados* (3.5a). "Depois tornarão os filhos de Israel, e buscarão ao Senhor seu Deus..." Aqueles que buscavam os deuses falsos, os ídolos das nações, e se prostituíam com as suas abomináveis idolatrias, agora buscam o Senhor, seu Deus. Eles deixam os ídolos mortos para buscar o Deus vivo. Essa volta para Deus é obra do próprio Deus. É Deus quem opera tanto o querer como o realizar. É ele quem dá o arrependimento para a vida. É ele quem atrai o seu povo para si com cordas de amor. Concordo com Dionísio Pape quando diz que a perfeita comunhão com o Senhor é o alvo de toda a obra da redenção.[113]

Em segundo lugar, *o amor restaurador preserva a aliança* (3.5a). "Depois tornarão os filhos de Israel, e buscarão ao Senhor seu Deus, e a Davi, seu rei..." Israel pecou e caiu, mas é ainda povo de Deus. Israel foi atrás de outros deuses e se prostituiu com cultos pagãos, mas Deus não deixou de ser o Deus de Israel. A aliança de Deus com o seu povo não foi quebrada, pois ela é eterna. Mesmo que seu povo seja infiel, Deus permanece fiel à sua aliança.

A aliança de Deus com Israel passa pela fidelidade à dinastia davídica. As dez tribos do norte romperam a aliança com a dinastia de Davi (1Rs 12.16). Constituíram reis sem a orientação de Deus (8.4). Agora, deveriam se tornar um só povo, uma só nação, sob a liderança de Davi. Isaltino Filho diz corretamente que as promessas de uma dinastia eterna pertenciam a Davi e seus descendentes, como é possível ler na aliança que Iavé firmou com Davi, em 2Samuel 7.

É preciso observar que a aliança davídica torna-se a base do relacionamento de Iavé com Israel. Ela é o desembocar da aliança com Abraão. É a foz do rio iniciado com este personagem. Essa aliança com Davi se cumpre plenamente na pessoa de Jesus. É por isso que o Novo Testamento inicia com esta declaração: "Livro da genealogia de Jesus Cristo, filho de Davi..." (Mt 1.1). A esperança de restauração estava no retorno ao passado e no refazer da aliança com Davi.[114]

David Hubbard diz que a referência *a Davi, seu rei*, transmite vários pensamentos no contexto de Oseias: 1) a reunificação dos dois reinos sob uma só cabeça (1.11); 2) a inversão do padrão de instabilidade dinástica estabelecido em Israel (7.3-7; 8.4; 10.3); 3) a rejeição das alianças externas, que serviam de proteção contra as próprias fraquezas políticas (7.8,9,11,16); 4) a continuidade da aliança prometida por Iavé a Davi e violada por Jeroboão I e todos os seus sucessores (8.4). Para Oseias, a volta para Iavé implicava a reversão de tudo o que a divisão do reino, liderada por Jeroboão, havia causado. A volta espiritual e a reunificação nacional eram dois lados de uma mesma moeda.[115]

Em terceiro lugar, *o amor restaurador aponta para uma gloriosa consumação* (3.5b). "[...] e, nos últimos dias, tremendo se aproximarão do SENHOR e da sua bondade". David Hubbard diz que "últimos dias" não são basicamente os "fins dos tempos" num sentido absoluto, mas uma época que virá mais tarde, "depois" que os dias de disciplina realizarem seu trabalho.[116]

A aflição tinha o propósito de dirigir os israelitas ao Senhor, e com penitência tinham de esperar por sua bondade. Essa profecia está em consonância com o que o apóstolo Paulo escreveu em Romanos 11. Quando chegar a plenitude dos gentios, Israel será salvo (Rm 11.25,26). Eles voltarão para o Senhor tremendo, não por causa do seu castigo e juízo, mas por causa da sua bondade. É a bondade de Deus que conduz o seu povo ao arrependimento.

Derek Kidner diz que o versículo final de Oseias 3 capta a profunda simplicidade do evangelho. Com o aniquilamento das estruturas complexas e corrompidas pelos homens (3.4), percebemos um povo voltando, buscando o Senhor e o seu ungido e vindo a eles em profunda penitência.[117]

Concluímos este capítulo com as palavras de David Hubbard, quando diz que não sabemos o que aconteceu com Oseias e Gômer. Com a mesma dramaticidade que surgiram, são afastados dos interesses da profecia. Eles prenderam a nossa atenção, aprimoraram a nossa compreensão acerca do juízo e da graça de Deus e nos prepararam para as outras mensagens do profeta.[118]

Notas do capítulo 4

97 COHEN, Gary e VANDERMEY, Ronald. *Hosea and Amos.* Moody Press. Chicago, MI. 1981: p. 32.
98 FEINBERG, Charles L. *Os profetas menores.* 1988: p. 21.
99 FEINBERG, Charles L. *Os profetas menores.* 1988: p. 22-25.
100 KIDNER, Derek. *A mensagem de Oseias.* 1988: p. 35.
101 REED, Oscar. *O livro de Oseias.* In *Comentário bíblico Beacon.* Vol. 5. 2005: p. 37.
102 KIDNER, Derek. *A mensagem de Oseias.* 1988: p. 35.
103 FRANCISCO, Clyde T. *Introdução ao Velho Testamento.* 1979: p. 133.
104 COELHO FILHO, Isaltino Gomes. *Os profetas menores (I).* 2004: p. 28.
105 KIDNER, Derek. *A mensagem de Oseias.* 1988: p. 36.
106 CRABTREE, A. R. *O livro de Oseias.* 1961: p. 79.
107 CRABTREE, A. R. *O livro de Oseias.* 1961: p. 79.
108 WIERSBE, Warren W. *Comentário bíblico expositivo.* Vol. 4. 2006: p. 395.
109 WIERSBE, Warren W. *Comentário bíblico expositivo.* Vol. 4. 2006: p. 395.
110 CRABTREE, A. R. *O livro de Oseias.* 1961: p. 80.
111 BAXTER, J. Sidlow. *Examinai as Escrituras – Ezequiel a Malaquias.* 1995: p. 109.
112 PEARLMAN, Myer. *Através da Bíblia.* 1987: p. 145.
113 PAPE, Dionísio. *Justiça e esperança para hoje.* 1983: p. 14.
114 COELHO FILHO, Isaltino Gomes. *Os profetas menores (I).* 2004: p. 29.
115 HUBBARD, David. *Oseias: Introdução e comentário.* 2006: p. 103.
116 HUBBARD, David. *Oseias: Introdução e comentário.* 2006: p. 103.
117 KIDNER, Derek. *A mensagem de Oseias.* 1988: p. 38.
118 HUBBARD, David. *Oseias: Introdução e comentário.* 2006: p. 104.

Capítulo 5

Uma nação rendida ao pecado
Oseias 4.1-19

O profeta Oseias deixa a cena do casamento para descrever a cena de um tribunal. O povo de Israel está sendo convocado a apresentar-se diante de Deus. Estamos subitamente em um tribunal, e o próprio Deus está no lugar do promotor público.[119] O libelo acusatório é grave, e a defesa está sem qualquer chance de justificativa. A peça introdutória da acusação destaca três graves delitos da nação: "Ouvi a palavra do Senhor, vós, filhos de Israel, porque o Senhor tem uma contenda com os habitantes da terra; porque nela não há verdade, nem amor, nem conhecimento de Deus" (4.1).

O povo de Israel estava com suas relações verticais e horizontais interrompidas.

Não há sociedade humana que possa prevalecer onde estão ausentes a verdade, o amor e o conhecimento de Deus. Esses são os fundamentos da piedade e da moralidade. Esses são os alicerces da família, da igreja e da sociedade.

Keil e Delitzsch têm razão ao afirmarem que, por não haver verdade nas palavras e nas ações, era impossível a confiança nos relacionamentos. Por não haver compaixão aos necessitados, era impossível o amor governar suas atitudes. Por conseguinte, a falta de verdade e amor evidenciava a falta do conhecimento real de Deus, uma vez que tanto a verdade quanto o amor têm suas raízes no conhecimento de Deus.[120]

O profeta Oseias faz um diagnóstico da nação de Israel, dissecando suas entranhas e trazendo à tona seus horrendos pecados. Esse diagnóstico não é diferente daquele que descreve a nossa realidade em pleno século 21. Veja o relato do profeta:

Uma nação rendida à degradação moral (4.2,3)

Israel, o Reino do Norte, abandonou a dinastia davídica e quebrou a sua aliança com Deus. Esse reino desprezou o conhecimento de Deus e chafurdou-se no pântano da imoralidade. A impiedade desemboca na perversão. Quando o homem despreza o conhecimento de Deus, todas as outras áreas de sua vida entram em colapso. Como um profundo analista social, Oseias entra na sala do julgamento e ouve os libelos acusatórios do promotor público acerca dos crimes de sua nação. Sem rodeios, como um jornalista comprometido com a verdade dos fatos, descreve esses crimes, traçando um retrato dessa sociedade decadente.

Deus tem um litígio e uma controvérsia com o seu povo. A terra está destituída de verdade, de amor e do conhecimento de Deus e cheia de perjúrio, mentira, furto, adultério e derramamento de sangue.[121] A verdade é a honestidade habitual ou a confiabilidade, o primeiro ingrediente que exigimos em qualquer negócio com o nosso próximo.

O amor é a lealdade dos parceiros a uma aliança. O conhecimento de Deus é o íntimo relacionamento com ele, quando nos deleitamos nele e o glorificamos.[122] Oscar Reed diz que esse conhecimento é encontrado na comunhão, e não na cognição intelectual.[123] A causa principal da destruição de Israel foi a falta do conhecimento de Deus (4.6).

No versículo 2, aparece uma lista sombria de pecados, uma sombra escura dos dez mandamentos no seu lado humano. Cada um desses males os alcança com toda sua força, pois é um período de decadência, e eles floresceram virtualmente descontrolados.[124]

Harold Phillips destaca o fato de a principal preocupação do profeta não ser com a questão econômica ou política, mas moral e espiritual. Foi a decadência moral de Israel que levou essa nação ao colapso político.[125] Analisemos um pouco mais essa sociedade degradada moralmente. Quais são as suas características?

Em primeiro lugar, *uma sociedade que despreza a verdade* (4.2). "O que só prevalece é perjurar, mentir..." Perjurar é maldizer os outros, enquanto mentir é violar os direitos pessoais e legais dos outros, especialmente quando envolve falso testemunho em decisões legais, transações financeiras ou votos religiosos.[126] Esta era a quebra do terceiro e do nono mandamentos da lei de Deus: "Não tomarás o nome do Senhor teu Deus em vão" e "Não dirás falso testemunho".

Em Israel reinava a falsidade. A verdade estava ausente nos relacionamentos. A palavra empenhada não tinha qualquer valor. Não existia sinceridade nos acordos. As pessoas eram falsas, e suas relações eram timbradas pela deslealdade. Não havia confiança. As pessoas não tinham palavra nem cumpriam seus votos. Mais do que isso, em Israel havia uma inclinação de se esconder a verdade, camuflá-la e torcê-la.

A mentira não era casual, mas ostensiva. Existia uma forte tendência de se destruir o nome e a reputação das pessoas. Até mesmo nos tribunais, a verdade era sacrificada para proteger os fortes e esmagar os fracos. A própria religiosidade do povo estava eivada de mentiras, pois mantinham uma liturgia animada apenas para esconder seus pecados escandalosos.

Nossa nação vive a mesma realidade. Vivemos num país onde existem mentiras brancas, em que a verdade é escamoteada e falseada para proteger os interesses escusos de homens inescrupulosos. A mentira e a calúnia são armas usadas sem piedade para desconstruir a imagem das pessoas. O perjúrio e a mentira não matam o corpo, mas matam a honra. Não ferem a carne, mas destroem a reputação.

Em segundo lugar, *uma sociedade ameaçada pela violência* (4.2). "O que só prevalece é [...] matar [...], e há [...] homicídios sobre homicídios..." Em Israel não havia respeito pela vida humana. O profeta denuncia aqui a quebra do sexto mandamento: "Não matarás". O crime e a violência sem controle barbarizavam a sociedade israelita. As pessoas viviam sobressaltadas e neurotizadas por essa onda de violência.

Os assassinatos não eram uma realidade apenas dos redutos da pobreza, mas estavam presentes até mesmo no palácio. Muitos reis de Israel eram assassinos, os quais ascenderam ao poder depois de conspirar e matar seus antecessores. O crime vinha de cima. A crueldade e a impunidade procediam dos altos escalões do governo. Nessa sociedade marcada pela violência, muito sangue era derramado. Lares eram afogados em lágrimas amargas. Viúvas ficavam desamparadas, e as crianças, desoladas. As pessoas não tinham segurança. A morte, o homicídio e o assassinato assolavam a terra. Reinavam o pavor e o medo.

A violência urbana é hoje um dos problemas mais agônicos da sociedade brasileira. Temos medo de assaltos e de sequestros. Temos medo de bala perdida e medo da polícia. Temos medo das hordas de crime do narcotráfico e da violência doméstica. Somos o país da truculência, das tocaias, dos pistoleiros de aluguel, do homicídio de inocentes, da impunidade criminosa.

Em terceiro lugar, *uma sociedade desonesta e opressora* (4.2). "O que só prevalece é [...] furtar [...], e há arrombamentos." Agora o profeta denuncia a quebra do oitavo mandamento da lei de Deus: "Não furtarás". Não apenas o nome e a integridade física eram atacados em Israel, mas também a propriedade privada era desrespeitada.

A desonestidade estava presente nos palácios, nos tribunais, no comércio e até nos templos religiosos. A sociedade parecia mais um covil de ladrões e salteadores. Os crimes eram praticados na calada da noite e também à luz do sol. A roubalheira era feita atrás dos bastidores e também ostensivamente. O roubo era praticado às escondidas e também à mão armada. O profeta Oseias chegou a dizer: "por dentro há ladrões, e por fora rouba a horda de salteadores" (7.1).

Vivemos no Brasil a paranoia dos assaltos, arrombamentos e sequestros. Ninguém anda mais tranquilo. Ficamos trancados atrás de ferrolhos, dos muros altos e das cercas elétricas. Blindamos nossos carros e colocamos coletes à prova de bala. Sentimo-nos inseguros, vulneráveis no meio de uma sociedade rendida à desonestidade e à violência.

O Brasil é um dos campeões do mundo em corrupção. Essa corrupção está presente nos palácios, nas casas legislativas e nos tribunais. Os líderes corruptos são os mestres do crime. Quando os líderes deixam de dar exemplo de integridade, o povo capitula desordenado à roubalheira.

Temos uma das maiores cargas tributárias do mundo, mas boa fatia desse dinheiro cai no ralo da corrupção, para abastecer contas nababescas de políticos desonestos. A desonestidade está presente nos contratos das grandes e pequenas empresas. É a cultura do levar vantagem em tudo. É o assalto aos cofres públicos e o desrespeito aos bens alheios.

Em quarto lugar, *uma sociedade imoral e hedonista* (4.2). "O que só prevalece é [...] adulterar." Esta é a quebra do sétimo mandamento da lei de Deus: "Não adulterarás". O adultério em Israel era duplo. Primeiro a nação abandonou a sua aliança com Deus e foi atrás de outros deuses, cometendo adultério espiritual. O profeta Oseias alertou: "a terra se prostituiu, desviando-se do SENHOR" (1.2). A idolatria desembocou na imoralidade, pois "A sensualidade [...] tira o entendimento" (4.11).

A sociedade israelita era sexólatra. O povo era imoral e vivia na luxúria; havia perdido seus referenciais e seus absolutos. Os votos de fidelidade, assumidos no casamento, estavam sendo banalizados. A sociedade imoral deificava o prazer absolutizando o sexo. As pessoas se entregavam às orgias e conspurcavam os seus corpos no altar do prazer irresponsável.

O Brasil, de igual forma, está atolado no pântano da imoralidade. Campeia desbragadamente, neste país, o desbarrancamento da decência. Somos o país do nudismo escandaloso, do carnaval promíscuo, das novelas sensuais, da pornografia infame, do concubinato institucionalizado, do homossexualismo aviltante, da permissividade sem freios, da infidelidade conjugal. Israel caiu nas mãos dos seus inimigos por causa da sua idolatria e da sua imoralidade. O Império Romano só caiu nas mãos dos bárbaros porque estava podre por dentro. A imoralidade sem limites está adoecendo nossa nação.

Em quinto lugar, *uma sociedade cujo pecado deixa marcas por toda parte* (4.3). "Por isso a terra está de luto, e todo que mora nela desfalece, com os animais do campo e com as aves do céu; e até os peixes do mar perecem." O pecado traz desespero e desesperança. Um sentimento de vazio é o saldo deixado pelo pecado. O luto e o desfalecimento são a colheita certa dessa semeadura maldita.

O pecado atinge não apenas a sociedade humana, mas também a própria natureza. O ar, a terra e o mar são também afetados pelo pecado do homem. Os pássaros, os animais e os peixes sofrem com os desequilíbrios da natureza, resultantes do pecado da humanidade. Os pecados de Israel atingiram a natureza, poluindo a terra, o ar e o mar. Criaram graves problemas ecológicos. Desrespeitaram a criação de Deus, destruindo o próprio *habitat*.

A nossa realidade não é diferente. Estamos destruindo a casa onde moramos. Alcançamos o progresso, mas destruímos o nosso ecossistema. A natureza está gemendo. A poluição das nossas indústrias e dos nossos carros sufoca o nosso planeta. É o efeito estufa; é a destruição da camada de ozônio; é o aquecimento do planeta. Nossos rios poluídos são como feridas abertas, carregando morte, e não vida. Nossas fontes estão secando. Nossas florestas estão sendo devastadas, transformando nossos campos em deserto. Sinais de morte e sentimentos de luto mostram a todos nós sua carranca.

Uma nação rendida à apostasia religiosa (4.4-17)

Israel estava num atoleiro moral, porque primeiro a nação desprezou o conhecimento de Deus, rompendo a sua aliança com o Senhor e indo atrás de outros deuses. A apostasia de Israel tornou-se notória. A decadência espiritual, uma realidade irremediável. David Hubbard faz uma síntese desses crimes cometidos pelos líderes religiosos: 1) deficiência no ensino da lei (4.6); 2) uso da adoração pública para saciar os próprios apetites (4.7-10); 3) prática de formas de adivinhação (4.12); 4) oferecimento de sacrifícios em lugares altos (4.13a); 5) participação em ritos de orgias sexuais (4.13b,14); 6) incentivo à embriaguez lasciva, com a adoração de ídolos (4.17-19).[127]

Destacamos alguns pontos para a nossa reflexão. Antes, porém, precisamos entender que Oseias não segue, nesse texto, uma ordem homilética clara. Vamos ordenar aqui esses pensamentos e tirar algumas importantes lições.

Em primeiro lugar, *as causas da apostasia*. O abandono da verdade é um processo, muitas vezes sutil. Desde Jeroboão I, as dez tribos do norte se apartaram da lei do Senhor, construindo novos templos, estabelecendo novos sacerdotes e adotando um novo tipo de culto. Em vez de subir a Jerusalém para adorar, eles construíram templos em Betel, Berseba e Gilgal. Em vez de adorar a Deus, segundo os preceitos de Deus, fizeram bezerros de ouro e nomearam sacerdotes que ensinavam ao povo um novo estilo de culto. Esses sacerdotes desprezaram o conhecimento de Deus e levaram o povo à destruição. Destacamos aqui algumas dessas causas:

a. *A apostasia acontece quando a liderança rejeita o conhecimento de Deus* (4.4-6).

> Todavia, ninguém contenda, ninguém repreenda; porque o teu povo é como os sacerdotes aos quais acusa. Por isso tropeçarás de dia, e o profeta contigo tropeçará de noite; e destruirei a tua mãe. [...] Porque tu, sacerdote, rejeitaste o conhecimento, [...] te esqueceste da lei do teu Deus...

O profeta e o sacerdote deram exemplos vergonhosos: eram ébrios, sensuais, rejeitavam a Deus e as suas reivindicações, eram amantes da formalidade nos atos de culto e vazios de espiritualidade. A sentença do Juiz é clara: "destruirei a tua mãe" (4.5), isto é, a própria nação.[128]

O papel dos profetas e sacerdotes era ensinar ao povo a lei de Deus e dar a esse povo o conhecimento da verdade. Mas esses líderes abandonaram a palavra, rejeitaram o conhecimento e esqueceram da lei de Deus. Os líderes espirituais sonegaram ao povo o pão da verdade para dar-lhe a palha das heresias. Mudaram a verdade de Deus em mentira, e por isso Deus os privou por um tempo de sua vocação sacerdotal (Êx 19.6). Concordo com Isaltino Filho quando diz que o conhecimento aqui não é apenas o doutrinário ou o informativo. O termo hebraico *da'at* significa "conhecimento pessoal, íntimo e caloroso".[129]

Concordo com Derek Kidner quando diz que mais surpreendente do que o medíocre desempenho desses profetas e sacerdotes é a glória da tarefa que lhes foi confiada: nada menos que a posição de educadores espirituais da nação. A fé do Antigo Testamento foi uma revelação dirigida às mentes e consciências. O ministério dos profetas e sacerdotes lidava com uma questão crucial de vida ou morte. Assim, um sacerdote sem visão espiritual é um perigo mortal para si mesmo e um desastre para os outros. É como um cego guiando outro cego (Mt 15.24).[130]

Concordo com James Wolfendale quando diz que a ignorância de Deus para Israel era inescusável, porque Deus havia se revelado a esse povo por suas obras e palavras. Deus dera a ele a sua lei e firmara com ele a sua aliança. Deus ignorava Israel de maneira deliberada, porque o povo rejeitou o conhecimento. Ele jogou fora o que possuía e escarneceu propositada e deliberadamente desse sublime privilégio. Mas Deus ignorar Israel era absolutamente destrutível. Ao rejeitar esse conhecimento, Israel foi destruído.[131]

b. *A apostasia acontece quando o crescimento da religiosidade significa o aprofundamento do pecado* (4.7). "Quanto mais estes se multiplicaram, tanto mais contra mim pecaram..." Aparentemente tudo estava indo bem com a religiosidade em Israel. O número de sacerdotes aumentava. O número de pessoas que iam aos templos crescia. O número de ofertas pelo pecado era mais abundante.

O povo acorria aos templos de Betel, Gilgal e Berseba, mas quanto mais se aprofundava na sua religiosidade heterodoxa, tanto mais se distanciava de Deus e tanto mais pecava contra Deus (Am 4.4,5; 5.1-20). Não podemos confundir grandes ajuntamentos com verdadeira espiritualidade. Não podemos confundir religiosidade com piedade. Quanto mais cresce o ensino falso, mais o povo se distancia de Deus e mais peca contra Deus.

c. *A apostasia acontece quando a liderança perde o temor de Deus e tira proveito do pecado em vez de repreendê-lo* (4.8). "Alimentam-se do pecado do meu povo, e da maldade dele têm desejo ardente." Quanto mais o povo cometia pecado, mais sacrifícios pelo pecado trazia ao altar, e mais benefícios financeiros os sacerdotes obtinham com essa prática. Em vez de confrontar o pecado, os sacerdotes se alimentavam do pecado do povo.

David Hubbard diz que os sacerdotes saciavam seus apetites incentivando o pecado e a consequente oferta pelo pecado.[132] Chegavam mesmo a desejar ardentemente que o povo pecasse mais, para que eles pudessem auferir maior lucro com suas ofertas. Os sacerdotes prostituíram seu ministério e venderam sua consciência. O lucro era o seu deus. A busca desenfreada pelo dinheiro cegou-lhes o entendimento espiritual.

Crabtree diz que os sacerdotes blasfemavam do Nome do Senhor, ensinando ao povo que o privilégio de pecar podia ser comprado pela oferta de sacrifícios e ritos cerimoniais. Na verdade, eles desejavam que o povo pecasse mais, a fim de que oferecesse mais sacrifícios e eles pudessem ganhar ainda mais com seus serviços.[133]

d. *A apostasia acontece quando o povo perde a lucidez por se entregar à sensualidade e à bebedeira* (4.11). "A sensualidade, o vinho e o mosto tiram o entendimento." A bebedeira e a sensualidade caminham de mãos dadas. As farras regadas à bebida terminam em promiscuidade moral. A sensualidade atrai o vinho, e o vinho conduz à sensualidade; o casamento entre o álcool e o sexo dá à luz a ignorância. Esse brinde ao prazer resulta em falta de entendimento. E a falta de entendimento abre largas avenidas para a apostasia.

e. *A apostasia acontece quando o povo substitui Deus pelos ídolos e o culto verdadeiro pelo misticismo* (4.12). "O meu povo consulta o seu pedaço de pau, e a sua vara lhe dá resposta, porque o espírito de prostituição os engana, e eles prostituindo-se abandonam o seu Deus." A idolatria cegou de tal forma o entendimento que o povo de Israel abandonou o Deus vivo para acreditar em imagens de escultura feitas de madeira. Ele acreditava que esses ídolos, feitos por mãos humanas, podiam responder as suas preces.

A cegueira e o espírito do erro passaram a dominá-lo. O povo acreditava nisso e julgava receber respostas dessas imagens inanimadas. Isso porque um espírito de prostituição o havia enganado. Precisamos saber que por trás dos ídolos estão os demônios (1Co 10.19-21). A corrupção do culto levou Israel ao abandono de Deus. Por se render ao misticismo idolátrico, caiu nas teias da mais grotesca apostasia. Concordo com Isaltino Filho quando escreve: "A idolatria é uma terrível demonstração de falta de inteligência".[134]

f. *A apostasia acontece quando a religião não é mais um freio moral, mas um incentivo à sensualidade* (4.13). "Sacrificam sobre o cume dos montes, e queimam incenso sobre os outeiros, debaixo do carvalho, dos choupos e dos terebintos, porque é boa a sua sombra; por isso vossas filhas se prostituem, e as vossas noras adulteram."

A idolatria de Israel desembocou na imoralidade. O povo trocou Deus pelos ídolos e o culto verdadeiro pela sensualidade. Ele misturou o sagrado com o profano, o espiritual com o carnal. Ele se entregou à crença cananita de que os deuses habitavam nos montes e de que, ao sacrificar nos montes, estava mais perto dessas divindades. O culto que o povo prestava nesses outeiros não passava de orgia. A cegueira era tanta que os israelitas entregavam as próprias filhas e noras como prostitutas cultuais. A religião deles não era mais um freio moral, mas um acelerador para se aprofundarem ainda mais no pecado.

Isaltino Filho faz uma importante advertência:

Uma religião falsa, centrada nos sentidos e não na fé, conduz à sensualidade, e logo à imoralidade. Tenhamos cuidado para não transformarmos um relacionamento que deve ser de fé em um relacionamento dos sentidos, meramente na base das emoções. A fé cristã é mais do que sentir coisas. É ter um relacionamento com Deus, é ser alguém, é ter um caráter.[135]

g. *A apostasia acontece quando o povo se rebela contra Deus e se entrega irremediavelmente aos ídolos* (4.16,17). "Como vaca rebelde se rebelou Israel; será que o Senhor o apascenta como a um cordeiro em vasta campina? Efraim está entregue aos ídolos; é deixá-lo."

O profeta Oseias usou alguns símiles para representar essa teimosia de Israel em permanecer no pecado. Israel é como uma vaca rebelde (4.16), como uma pomba enganada (7.11) e como um pão que não foi virado (7.8). Israel quer ser apascentado como um cordeiro tenro, mas age como uma vaca rebelde. Quer os mimos de Deus, mas dá as costas para Deus.

O comprometimento de Israel com a idolatria tornou-se tão profundo que não havia mais cura. Era uma situação irremediável. Efraim, símbolo de todo o Reino do Norte, por ser a mais populosa e a mais importante das dez tribos, estava tão entregue aos ídolos que o arrependimento era impossível. Deus, então, os entregou a si mesmos (Rm 1.24,26,28), e o resultado foi o desterro, o cativeiro, a destruição da nação.

Charles Feinberg diz que a palavra traduzida por "entregou" é usada para a ligação com feitiços. O Reino do Norte está dominado pela idolatria como se estivesse sob encantamento, enfeitiçado por ele e totalmente incapaz de desvencilhar-se. Ele tanto se entregou à idolatria e associou-se a seus ídolos inanimados que só resta o juízo. Deve aprender agora a plena amargura de seus atos por meio de custosa experiência: "É deixá-lo".[136]

Em segundo lugar, *as consequências da apostasia*. O profeta Oseias falou não apenas sobre as causas da apostasia, mas também sobre suas trágicas consequências:

a. *Os líderes infiéis são derrubados pelo próprio Deus* (4.4b,5). "[...] porque o teu povo é como os sacerdotes aos quais acusa. Por isso tropeçarás de dia, e o profeta contigo tropeçará de noite; e destruirei a tua mãe." Os líderes, que fizeram o povo de Deus errar, tropeçaram e caíram. Deus os desmascarou. Deus os desamparou. Nem as trevas da noite puderam escondê-los, nem a luz do dia pôde protegê-los. Os líderes, entretanto, não tropeçaram sozinhos, com eles toda a nação foi destruída. Oh!, que grande responsabilidade têm aqueles que são incumbidos de ensinar ao povo a verdade de Deus!

b. *Os líderes infiéis são rejeitados por Deus* (4.6). "Porque tu, sacerdote, rejeitaste o conhecimento, também eu te rejeitarei, para que não sejas sacerdote diante de mim; visto que te esqueceste da lei do teu Deus, também eu me esquecerei de teus filhos." Os sacerdotes de Israel tiveram de deixar suas togas sagradas. Eles viram a nação de Israel ser invadida pela Assíria. Eles viram sua terra saqueada, seus templos arrasados e o povo sendo levado para o cativeiro. Porque os sacerdotes rejeitaram o conhecimento de Deus, Deus os rejeitou. Porque eles foram infiéis, Deus não aceitou mais nem mesmo as suas ofertas. Porque eles esqueceram da lei de Deus, Deus esqueceu de seus filhos, e não houve mais sacerdotes entre seus filhos.

c. *Os líderes infiéis são maus exemplos para os seus liderados* (4.14).

> Não castigarei vossas filhas, que se prostituem, nem vossas noras, quando adulteram; porque os homens mesmos se retiram com as meretrizes e com as prostitutas cultuais sacrificam, pois o povo que não tem entendimento corre para a sua perdição.

As filhas e as noras que se entregavam à prostituição e ao adultério não eram castigadas, porque os mesmos homens que deveriam protegê-las é que as haviam desencaminhado. Os pais, com o seu mau exemplo, induziam suas filhas à prostituição e suas noras ao adultério. A vida desses homens era um laço para as suas famílias. Por lhes faltar conhecimento, a passos largos caminharam para a destruição, arrastando consigo as suas famílias.

d. *O povo infiel é destruído com a permissão de Deus* (4.6). "O meu povo está sendo destruído, porque lhe falta o conhecimento..." O povo da aliança foi infiel a Deus e agora seria severamente disciplinado por Deus. A disciplina é radical. O povo seria levado para o cativeiro assírio e de lá jamais voltaria como nação. A causa dessa destruição foi a falta de conhecimento, conhecimento de Deus e da sua palavra. Os sacerdotes foram os responsáveis por essa destruição da nação. A Assíria foi apenas a vara da ira de Deus na aplicação dessa disciplina.

e. *O povo infiel não encontra satisfação no pecado, mas a justa retribuição de Deus* (4.9,10).

> Por isso, como é o povo, assim é o sacerdote; e castigá-lo-ei pelo seu procedimento; e lhe darei o pago das suas obras. Comerão, mas não se fartarão; entregar-se-ão à sensualidade, mas não se multiplicarão; porque ao SENHOR deixaram de adorar.

Tanto o sacerdote como o povo eram maus; um correspondia ao outro. O povo não era menos culpado do que o sacerdote, nem era este menos digno de culpa do que aquele.[137]

A comida e o sexo foram a obsessão desses sacerdotes, e isto lhes faltaria, um por escassez, outro por esterilidade. Nosso Senhor resumiu estas duas ilustrações em um simples aforismo: "Quem beber desta água tornará a ter sede" (Jo 4.13).[138] O pecado não compensa. Ele é uma fraude. Ele promete prazer e paga com desgosto. Promete liberdade e escraviza. Promete vida e mata.

O pecado trouxe castigo de Deus. E o castigo de Deus foi que não encontraram qualquer satisfação interior. Comeram, mas não se fartaram. Entregaram-se à sensualidade, mas não se multiplicaram. Porque correram atrás dos ídolos e deixaram de adorar o Senhor, estão agora recebendo o pago de suas obras más.

f. *O fracasso dos infiéis deve ser um alerta para o povo de Deus não cair também na apostasia* (4.15). "Ainda que tu, ó Israel, queres prostituir-te, contudo não se faça culpado Judá; nem venhais a Gilgal, e não subais a Bete-Áven, nem jureis, dizendo: Vive o Senhor."

Warren Wiersbe diz que o profeta Oseias volta-se para o Reino do Sul, Judá, que estava acompanhando de perto os acontecimentos em Israel. A advertência de Oseias é clara: não se envolva com as coisas de Israel, pois o fim do Reino do Norte é certo! "Efraim está entregue aos ídolos; é deixá-lo" (4.17). O povo de Judá deveria adorar em Jerusalém, e não em santuários nos montes de Israel. Israel era como uma vaca rebelde, e o vendaval do juízo varreria o reino.[139]

Judá foi exortado, com vigor, a não seguir os caminhos perversos de Israel. Não deveria peregrinar nas festas idólatras em Gilgal e em Bete-Áven. O povo trocara Betel (Casa de Deus) por Bete-Áven (casa de vaidade). Deus disse a Judá: Afaste-se. Judá foi advertido a se separar das práticas que trazem desonra a Deus, práticas comuns em Israel, nas quais se misturavam juramentos no nome do Senhor com seu culto a ídolos.[140] É bom lembrar que Gilgal e Betel foram estabelecidas como centros de culto por Jeroboão I para evitar que o povo de Israel fosse ao templo de Jerusalém. Assim Betel se tornou um centro de iniquidade.

Derek Kidner escreve com acerto dizendo que, se desejamos achar um equivalente moderno, bem poderia ser o pluralismo religioso expresso na neutralidade planejada de certos cursos sobre as religiões mundiais ou nos cultos ecumênicos promovidos simultaneamente por várias religiões. "Venha à igreja X e blasfeme", diria um Amós dos nossos tempos. E um Oseias da atualidade diria: "Não pise mais ali! Você tem de escolher entre isso e Deus".[141]

Uma nação rendida à corrupção política (4.18,19)

Israel estava enfrentando uma crise de integridade moral, religiosa e política. A decadência moral era consequência da apostasia religiosa e da corrupção política. Os cabeças da nação eram os mestres do pecado. O Reino do Norte rompeu com a dinastia davídica não apenas politicamente, mas também moral e espiritualmente. Esse reino durou 209 anos, ou seja, de 931 a.C., com a morte de Salomão, até o seu exílio na Assíria em 722 a.C. Nesses 209 anos, Israel teve dezenove reis por meio de oito diferentes dinastias. Fato digno de destaque é que nenhum desses reis andou com Deus. Todos eles se desviaram de Deus. Todos eles seguiram pelos caminhos de Jeroboão, ou seja, pelos caminhos do sincretismo religioso.

Alguns dos reis de Israel subiram ao trono por meio de conspiração, matando seus antecessores. Eram homens assassinos e maus. O profeta Oseias chega a dizer, em nome de Deus: "Eles estabeleceram reis, mas não da minha parte; constituíram príncipes, mas eu não o soube" (8.4).

Oseias descreve assim a liderança política de Israel: "[...] seus príncipes amam apaixonadamente a desonra. O vento os envolveu nas suas asas; e envergonhar-se-ão por causa dos seus sacrifícios" (4.18,19). Duas coisas nos chamam a atenção aqui:

Em primeiro lugar, *os príncipes usavam o poder para servir a si mesmos, e não para servir à nação* (4.18). Eles amavam apaixonadamente a desonra. Os sacerdotes e príncipes, que deveriam ser escudos para o povo e exemplos da justiça e retidão, amam apaixonadamente tudo o que é abominável à vista do Senhor.[142]

Oseias está escrevendo num tempo de transição na história política de Israel. No governo de Jeroboão II, Israel havia alcançado o ápice do sucesso financeiro e descido ao nadir da vida moral. A riqueza não levou os israelitas à gratidão a Deus, mas a se consagrarem ainda mais aos ídolos. Os príncipes estavam mancomunados com os poderosos, juízes e sacerdotes para saquear os pobres. Eles dormiam em camas de marfim enquanto os pobres perdiam suas terras, suas casas, suas famílias e sua liberdade.

Depois da morte do grande monarca Jeroboão II, Israel entrou num rápido declínio político e econômico. O trono tornou-se um palco de intrigas, traições e mortes. A paz nas fronteiras transformou-se em ameaça iminente de invasão assíria. O reino entrou em colapso e caiu nas mãos de seus inimigos, mas o povo, mesmo assim, não se voltou para Deus.

A corrupção não foi apenas prática antiga. Essa praga política está presente em nossos dias com seus tentáculos ainda mais fortes. Os palácios ainda hoje são o palco de muitos acordos vergonhosos, de muitas alianças iníquas, de muitos esquemas de corrupção. A classe mais desacreditada na sociedade brasileira é a dos políticos. Eles têm poder, mas não honra. Honra não é aquilo que se adquire com posição, mas com admiração. Honra não é aquilo que se obtém pela popularidade do voto, mas pela dignidade do caráter.

Em segundo lugar, *os príncipes que amaram a desonra serão envergonhados* (4.19). Quem ama a desonra não pode viver de cabeça erguida o tempo todo. As orquestrações da desonra feitas na calada da noite com a conivência criminosa de uns e o silêncio covarde de outros mais cedo ou mais tarde vêm à tona. Os esquemas urdidos com requinte de violência ou as vaidades buscadas com amor apaixonado trarão ao final vergonha e opróbrio aos seus protagonistas.

Os príncipes, em vez de governar com retidão, tentaram camuflar suas ações corruptas com sacrifícios religiosos eivados de misticismo. Porém, o sincretismo religioso desses príncipes não lhes poupou da tragédia nem lhes protegeu a honra. Ainda hoje há muitos políticos inescrupulosos, que agem com desonestidade e depois tentam compensar seus delitos com uma religiosidade fingida. Deus exporá esses líderes ao opróbrio!

Concluo esta exposição com as oportunas e solenes palavras de Charles Feinberg:

> Os próprios prazeres nos quais a nação se deleitara por tanto tempo se tornarão repugnantes para ela. Seus "drinques" e rodadas de bebida se tornarão sem sabor. Os dirigentes da nação, chamados "príncipes" porque deviam ser defensores do povo, são tão corruptos quanto as classes mais inferiores da sociedade. O fermento devastador da idolatria, com seu séquito de imoralidades, abre caminho desde o

mais elevado nível da sociedade até o mais ínfimo. Qual poderá ser o único resultado? O açoite da tormenta assíria varrerá a todos: ídolos, povo, profetas, sacerdotes e dirigentes.[143]

Notas do capítulo 5

[119] KIDNER, Derek. *A mensagem de Oseias*. 1988: p. 40.
[120] KEIL, C. F. e DELITZSCH, F. *Commentary on the Old Testament*. Vol. 10. William B. Eerdmans Publishing Company. Grand Rapids, MI. 1978: p. 74.
[121] FEINBERG, Charles L. *Os profetas menores*. 1988: p. 26.
[122] KIDNER, Derek. *A mensagem de Oseias*. 1988: p. 40,41.
[123] REED, Oscar. *O livro de Oseias*. In *Comentário bíblico Beacon*. 5. 2005: p. 39.
[124] KIDNER, Derek. *A mensagem de Oseias*. 1988: p. 41.
[125] PHILLIPS, Harold Cooke. *The book of Hosea*. In *The interpreter's Bible*. Vol. VI. Abingdon Press. Nashville, TN. 1956: p. 600.
[126] HUBBARD, David A. *Oseias: Introdução e comentário*. 2006: p. 106.
[127] HUBBARD, David A. *Oseias: Introdução e comentário*. 2006: p. 107.
[128] FEINBERG, Charles L. *Os profetas menores*. 1988: p. 26.
[129] COELHO FILHO, Isaltino Gomes. *Os profetas menores (I)*. 2004: p. 34.
[130] KIDNER, Derek. *A mensagem de Oseias*. 1988: p. 43.
[131] WOLFENDALE, James. *The preacher's homiletic commentary*. Vol. 20. Baker Books. Grand Rapids, MI. 1996: p. 53-55.

[132] HUBBARD, David A. *Oseias: Introdução e comentário.* 2006: p. 111.
[133] CRABTREE, A. R. *O livro de Oseias.* 1962: p. 89.
[134] COELHO FILHO, Isaltino Gomes. *Os profetas menores (I).* 2004: p. 35.
[135] COELHO FILHO, Isaltino Gomes. *Os profetas menores (I).* 2004: p. 35.
[136] FEINBERG, Charles L. *Os profetas menores.* 1988: p. 28,29.
[137] FEINBERG, Charles L. *Os profetas menores.* 1988: p. 27.
[138] KIDNER, Derek. *A mensagem de Oseias.* 1988: p. 45.
[139] WIERSBE, Warren W. *Comentário bíblico expositivo.* Vol. 4. 2005: p. 398.
[140] FEINBERG, Charles L. *Os profetas menores.* 1988: p. 28.
[141] KIDNER, Derek. *A mensagem de Oseias.* 1988: p. 49.
[142] CRABTREE, A. R. *O livro de Oseias.* 1962: p. 95.
[143] FEINBERG, Charles L. *Os profetas menores.* 1988: p. 29.

Capítulo 6

Uma palavra de Deus à nação
Oseias 5.1-15

A NAÇÃO DE ISRAEL caminha celeremente para a destruição. Sua liderança religiosa e política marcha à frente nessa corrida rumo ao abismo. O povo está sendo arrastado nessa mesma enxurrada, tão culpado quanto a sua liderança. É nesse cenário cinzento, de tempestade ameaçadora, de inundação iminente, que o profeta levanta a sua voz em nome de Deus para anunciar o seu juízo sobre a nação.

Oscar Reed diz que o capítulo 5 do livro de Oseias constitui um discurso aos sacerdotes, ao povo e à casa do rei. A escuridão aumenta com a proximidade do dia da repreensão. A consciência de Israel se entorpeceu, sua visão se escureceu, seu testemunho acabou, e seu concerto com Deus se rompeu.¹⁴⁴

Dois pontos nos chamam a atenção na passagem em tela: o juízo de Deus contra a apostasia e imoralidade do seu povo e a disciplina radical de Deus com o propósito de restaurar o seu povo. Consideraremos esses dois pontos a seguir:

O juízo de Deus contra a apostasia e a imoralidade do seu povo (5.1-7)

O pecado em Israel tornou-se extenso e profundo. Contaminou a liderança e os liderados; atingiu o clero e o povo; o palácio e a choupana; a classe alta e a baixa. A nação toda se tornou um corpo chagado da cabeça aos pés. Por isso, o juízo de Deus é anunciado aos sacerdotes, aos príncipes e ao povo: "Ouvi isto, ó sacerdotes; escutai, ó casa de Israel, e dai ouvidos, ó casa do rei; porque este juízo é contra vós outros..." (5.1). Este é um solene, geral e urgente chamado de Deus aos líderes e ao povo.

O juízo de Deus cai primeiro sobre os sacerdotes, pois os pecados da liderança são os mestres do pecado. "Ouvi isto, ó sacerdotes..." (5.1). Os sacerdotes corromperam seu ofício sagrado. A função deles era ensinar ao povo a verdade de Deus, ou seja, todos os estatutos que o Senhor lhes havia falado por intermédio de Moisés (Lv 10.11). Os sacerdotes eram mensageiros do Senhor dos Exércitos, que deviam guardar o conhecimento para instruir o povo, mas esses sacerdotes desviaram-se do caminho e fizeram tropeçar o povo (Ml 2.7,8).

Oseias já havia anunciado que o povo estava sendo destruído por falta de conhecimento, uma vez que os sacerdotes esqueceram da lei de Deus (4.6). Os sacerdotes corromperam não apenas a lei de Deus, mas também o culto divino. Deus deve ser adorado de acordo com as próprias prescrições, e não segundo as tendências do coração humano. Os templos de Israel tornaram-se redutos de idolatria. Os sacerdotes tornaram-se não apenas apóstatas, mas também rebeldes. Eles se recusaram a ouvir os profetas de Deus e se aprofundaram ainda mais no pecado, para a sua própria perdição e a ruína da nação.

Em seguida, o juízo de Deus é endereçado aos políticos da nação: "[...] e dai ouvidos, ó casa do rei..." (5.1). Os reis precisavam governar promovendo a verdade e a justiça, mas eles patrocinaram tanto a heresia quanto a violência.

David Hubbard destaca, com exatidão, que naquela época a realeza atuava como patrocinadora dos santuários e protetora do sacerdócio (Am 7.13).[145] Em vez de proteger o povo, os governantes oprimiam-no. Em vez de governar para o povo, governavam em benefício próprio. Tornaram-se agentes do erro religioso, da decadência moral e da injustiça social.

Isaltino Filho destaca que a nação de Israel nasceu, viveu e morreu na idolatria. Todos os reis de Israel, sem exceção, adoraram o bezerro de ouro e foram idólatras. Outros ainda trouxeram as pseudodivindades pagãs para o país. Essa idolatria mesclou-se ao abandono de Iavé e a uma tentativa de buscar socorro nos ídolos.[146]

Finalmente, o juízo de Deus alcança também o povo. "[...] escutai, ó casa de Israel, [...] porque este juízo é contra vós outros..." Embora a liderança religiosa e política da nação capitaneasse essa corrida para longe de Deus, o povo tornou-se culpado por seguir essa liderança apóstata. O povo seguiu seus maus exemplos (5.2). Voluntariamente se corrompeu, entregando-se às práticas de idolatria e imoralidade.

Destacaremos em seguida alguns pontos para a nossa reflexão:

Em primeiro lugar, *quando a liderança se afasta de Deus, torna-se um perigo para os seus liderados, em vez de bênção* (5.1). "[...] visto que fostes um laço em Mispa, e rede estendida sobre o Tabor". Os sacerdotes, os reis e o povo, por se desviarem da verdade e se entregarem à idolatria, tornaram-se um laço e transformaram os lugares sagrados em armadilhas para pecar, e não em refúgios de santidade. Em vez de serem agentes da verdade, tornaram-se arautos do engano. Em vez de aproximarem as pessoas de Deus, as afastaram.

Derek Kidner diz que Deus vê como um perigo esse povo que foi chamado para ser uma bênção para o mundo. O rótulo que já estava afixado nos cananeus e também proverbialmente nas prostitutas, comparando-as a laço e rede, agora tinha de ser colocado no povo escolhido.[147]

Mispa, no leste, e Tabor, no oeste, tornaram-se lugares de laço e armadilha onde o povo era seduzido a adorar ídolos nos lugares altos. Em vez de proteger o povo das ilusões que o desviariam da adoração ao Senhor, os dirigentes eram os primeiros a tomar a dianteira para armar ciladas que desviassem os israelitas de seguir ao Senhor.[148] Aqueles lugares que foram palco das gloriosas intervenções de Deus na História agora eram nomes infames. Se inúmeros montes sem maior destaque tinham o seu santuário dedicado a Baal (4.13), atraindo dezenas de frequentadores e afastando-os da verdadeira fé, os santuários de montes tão famosos como Mispa e Tabor poderiam seduzir centenas.[149]

Oscar Reed diz que esses dois lugares eram fortalezas com função militar, onde os príncipes da casa do rei e os sacerdotes apóstatas "exerciam sua influência mortal sobre as pessoas, ao armarem armadilhas contra elas como os pássaros e os animais são enganados nas montanhas de rapina".[150]

A. R. Crabtree diz que o culto a Baal foi estabelecido em Mispa e Tabor especialmente para seduzir os israelitas no caminho para Jerusalém a fim de adorar a Deus no templo. Comentaristas judeus mencionam a tradição de que peregrinos israelitas no caminho para Jerusalém eram mortos nesses lugares.[151]

Quantos lugares hoje equivalentes a Mispa e Tabor também têm sido laço para o povo de Deus. São seminários que se renderam ao liberalismo teológico, espalhando o veneno do ceticismo. São escolas, faculdades e igrejas que já se apartaram da verdade e induzem pessoas ao erro. Acautelemo-nos com esses lugares!

Em segundo lugar, *quando a liderança abandona a verdade, ela se corrompe moralmente* (5.2). "Na prática de excessos vos aprofundastes; mas eu castigarei a todos eles." O abandono da verdade nunca é uma atitude neutra; sempre desemboca em trágicas consequências. Os rios da impiedade deságuam no mar da perversão. A teologia errada produz vida errada. Não há santidade fora da verdade. Porque eles abandonaram a palavra de Deus, chafurdaram-se no pecado e lambuzaram-se com excessos de iniquidade.

Em terceiro lugar, *quando a liderança entra pelo caminho da apostasia, ela perde o conhecimento de Deus* (5.3,4).

> Conheço a Efraim, e Israel não me está oculto; porque agora te tens prostituído, ó Efraim, e Israel está contaminado. O seu proceder não lhes permite voltar para o seu Deus, porque o espírito da prostituição está no meio deles, e não conhecem ao Senhor.

Há aqui um contraste. Deus conhece a Efraim, mas Efraim não conhece a Deus. A maior tolice do pecador é pensar que pode transgredir e escapar da investigação onisciente de Deus. O Senhor tudo sabe, tudo vê e sonda a todos. É impossível encobrir o pecado daquele que nos sonda e nos conhece. Charles Feinberg diz corretamente que todas as coisas estão abertas e sempre claras aquele com quem temos de acertar contas.[152]

Em quarto lugar, *quando a liderança perde o conhecimento de Deus, ela se torna prisioneira dos maus hábitos* (5.4). "O seu proceder não lhes permite voltar para o seu Deus, porque o espírito da prostituição está no meio deles..." Deus era o Deus de Israel tanto pela aliança quanto pelo generoso cuidado, mas Israel desprezou esse conhecimento e abusou da misericórdia divina. A liderança e o povo tornaram-se entorpecidos pelo pecado. Duas coisas nos chamam a atenção nesse versículo:

Primeiro, a fonte dos maus hábitos: "[...] porque o espírito da prostituição está no meio deles..." Os hábitos pecaminosos fluem de uma natureza pecaminosa. Se o pecado havia sido a causa da ignorância, agora a ignorância era a causa do pecado.

O poder maligno dos hábitos ímpios dos israelitas os entorpeceu. À semelhança de um espírito de embriaguez ou estupor, assim se abateu sobre o povo o espírito de devassidão, de deserção espiritual.[153] O coração corrompido abre largas avenidas para os espíritos malignos agirem na vida da pessoa. Israel consultava os ídolos de madeira e ouvia deles a resposta (4.12). Eles estavam entorpecidos e dominados por esse engano.

Segundo, o resultado dos maus hábitos: "O seu proceder não lhes permite voltar para o seu Deus..." Os hábitos influenciam a vontade. Quanto mais eles pecavam, mais dispostos estavam para o pecado e menos poder tinham para fazer o que era certo. Os maus hábitos geram dependência e provocam escravidão. O pecado deixa de ser apenas uma tendência para tornar-se uma tirania. Há muitas pessoas escravas da idolatria, da feitiçaria, da pornografia e da imoralidade. Esses hábitos arraigados não permitem que as pessoas se voltem para Deus.

Em quinto lugar, *quando o povo despreza o conhecimento de Deus, orgulha-se do pecado em vez de chorar por ele* (5.5). "A soberba de Israel abertamente o acusa; Israel e Efraim cairão por causa da sua iniquidade, e Judá cairá juntamente com eles." A soberba tornou-se o maior pecado de Israel, o orgulho, seu contínuo pecado e, finalmente, seu destrutivo pecado. A soberba sempre precede a ruína. Por terem desprezado o conhecimento, orgulharam-se do pecado, em vez de chorarem por ele. Essa soberba é que levou o povo à queda. Essa arrogância na prática do pecado atingiu também Judá, e ambos os reinos caíram nesse laço.

A. R. Crabtree é absolutamente pertinente quando escreve sobre as dramáticas consequências do orgulho de Israel:

> Com a influência do baalismo, a arrogância de Israel se tornava cada vez mais abominável, especialmente à luz das maravilhosas bênçãos do Senhor na sua história. A arrogância de Israel resultou, em parte, da sua grande prosperidade material e, em parte, da confiança no seu elaborado culto ritual. Por falta de entendimento, Israel não sabia distinguir entre os deuses pagãos e o Senhor Iavé. Pela influência do baalismo e dos sacerdotes, Israel tinha amesquinhado o conceito do Senhor Deus até o ponto de pensar que podia dele adquirir as bênçãos materiais da vida, por meio de sacrifícios e cultos ritualistas. Logo que Israel chegou a crer que podia controlar o seu Deus, e assim conseguir a própria salvação, não havia mais esperança para ele.[154]

Em sexto lugar, *quando o povo abandona a verdade de Deus, ele substitui a piedade pela religiosidade* (5.6). "Estes irão com os seus rebanhos e o seu gado à procura do SENHOR, porém não o acharão: ele se retirou deles."

Impulsionados pelo medo servil, eles buscam ao Senhor para oferecer-lhe sacrifício de seus rebanhos e de seu gado. Mas Deus conhece o verdadeiro estado de seus corações, e eles não o encontrarão. Ele se retirou. Deus não se satisfará com atos e observâncias exteriores; ele exige verdade e sinceridade no íntimo.[155] Concordo com Derek Kidner quando diz que Deus não é prisioneiro dos seus sacramentos, pois as próprias festas que eles pensavam que aplacariam a ira de Deus seriam a mais profunda provocação a Deus.[156]

Israel tentou subornar a Deus com seus rituais sagrados. Os israelitas tentaram encobrir seus pecados comprando Deus com seus sacrifícios. Eles pensaram que suas ofertas pudessem agradar a Deus mais do que a santidade. Eles tentaram substituir a piedade pela religiosidade fajuta. No entanto, não há nada que Deus abomine mais do que a iniquidade associada ao ajuntamento solene (Is 1.11-13; Am 5.21-27; Ml 1.10). Israel não encontrou a Deus na sua muita religiosidade. Deus não está onde a verdade não está presente. Deus não é encontrado onde sua palavra é torcida e negada.

Em sétimo lugar, *quando o povo se afasta de Deus, ele é destruído pelo próprio sincretismo religioso* (5.7). "Aleivosamente se houveram contra o SENHOR, porque geraram filhos bastardos; agora a festa da lua nova os consumirá com as suas porções." Israel se prostituiu espiritual e fisicamente. Eles geraram filhos bastardos. Na sua apostasia, Israel tinha produzido uma geração de filhos ilegítimos, israelitas sem conhecimento do concerto do Senhor com seus pais, sem o entendimento do Redentor de seus antepassados e da honrosa incumbência de seus descendentes.[157]

Os israelitas corromperam o culto divino, misturando as festas bíblicas com práticas pagãs. Essas festividades da lua nova eram um exemplo dos cultos formais do povo, que degeneraram em manifestações de egoísmo, em vez de representar o espírito de devoção ao Senhor.[158] Essa mistura iníqua desembocou num hibridismo espiritual reprovável, num sincretismo abominável aos olhos de Deus. É preciso entender que Deus não se impressiona com desempenho. Ele não se contenta com liturgias pomposas, nas quais a verdade e a pureza sejam sacrificadas no altar do sincretismo.

Deus não se agrada de um culto em que os adoradores têm uma vida dupla, ou seja, são uma coisa na igreja e outra no lar; são uma coisa no domingo e outra nos demais dias da semana. Isso é agir aleivosamente contra o Senhor. O culto verdadeiro precisa ser em espírito e em verdade. Ele deve ser verdadeiro e sincero. O culto é bíblico ou é anátema.

A disciplina radical de Deus com o propósito de restaurar o seu povo (5.8-15)

O profeta Oseias muda radicalmente o seu enfoque. Ele passa do cenário religioso para uma descrição de guerra. Sem aviso, a cena muda do culto para o campo de batalha. No papel de sentinela, o profeta dá o alarme de guerra, pede os dois tipos de trombetas que dão o toque de perigo, convocando todas as sentinelas a erguerem o grito de alerta.[159]

O protagonista dessa batalha é o próprio Deus. Os juízos que cairão sobre Israel e Judá não são acidentes da história; não procedem da agenda dos poderosos impérios. É o próprio Deus quem tem as rédeas nas mãos. É o próprio

Deus quem levanta a Assíria e a Babilônia para disciplinar o seu povo. É o próprio Deus quem entrega o seu povo a essas nações impetuosas. Deus é o agente tanto da disciplina quanto da restauração.

Destacaremos, a seguir, alguns pontos:

Em primeiro lugar, *a disciplina de Deus será imediata e irremediável* (5.8). "Tocai a trombeta em Gibeá, e em Ramá tocai a rebate! Levantai gritos em Bete-Áven! Cuidado, Benjamim!" As trombetas do juízo já começaram a tocar. O inimigo invasor já estava perto. A invasão assíria seria inevitável. O castigo havia chegado. A disciplina radical era absolutamente necessária. A invasão do Reino do Norte deveria colocar Benjamim, no Reino do Sul, com as barbas de molho. Os pecados do Reino do Norte deveriam ser uma trombeta de alerta para os seus irmãos do Reino do Sul.

Derek Kidner diz que os nomes dos lugares que dão início a este oráculo (5.8) encontram-se espalhados pela fronteira entre os dois reinos: uma advertência de que o invasor penetraria até o extremo sul de Israel, para alarme das cidades benjamitas de Ramá e Gibeá, que ficavam logo do outro lado da fronteira, assim como a já condenada Bete-Áven.[160]

Gibeá e Ramá eram vilas estabelecidas em outeiros, de onde se podia ouvir de longe a chamada do *shofar* ou da trombeta. Tais avisos eram transmitidos de um outeiro para outro pelo soar de várias trombetas, uma após a outra.[161]

Em segundo lugar, *a disciplina de Deus trará profunda desolação para aqueles que viveram deliberadamente no pecado* (5.9,11).

> Efraim tornar-se-á assolação no dia do castigo; entre as tribos de Israel tornei conhecido o que se cumprirá. [...] Efraim está oprimido

e quebrantado pelo castigo; porque foi do seu agrado andar após a vaidade.

Só os loucos zombam do pecado. Só os que querem ser destruídos se agradam em andar após a vaidade. Efraim tornou-se assolação. Efraim foi oprimido e quebrantado pelo castigo. A nação perdeu a sua soberania política, a sua liberdade, a sua terra e a sua religião. Eles foram dominados, saqueados e levados prisioneiros. O pecado que eles amaram e no qual deliberadamente viveram deixou-os em total desamparo. A disciplina de Deus os alcançou.

Concordo com o que escreveu Crabtree: "O propósito eterno e imutável do Senhor no governo das atividades humanas, manifesta-se nos eventos e nas vicissitudes da História".[162] Nada de acaso. Nada de surpresa. Deus está assentado na sala de comando do universo e tem as rédeas da história em suas onipotentes mãos. Ele faz o que bem lhe apraz, e ninguém pode impedir sua mão de agir.

Em terceiro lugar, *a disciplina de Deus é inevitável sobre aqueles que praticam a desonestidade* (5.10). "Os príncipes de Judá são como os que mudam os marcos; derramarei, pois, o meu furor sobre eles como água." Se Israel era um antro de vícios, Judá era um covil de ladrões, pois o hábito de deitar mão em terra alheia foi testemunhado pelos contemporâneos Miqueias e Isaías. Miqueias escreve: "Cobiçam campos, e os arrebatam, e casas, e as tomam; assim fazem violência a um homem e à sua casa, a uma pessoa e à sua herança" (Mq 2.2). Já o profeta Isaías denuncia: "Ai dos que ajuntam casa a casa, reúnem campo a campo, até que não haja mais lugar, e ficam como únicos moradores no meio da terra!" (Is 5.8).[163]

Os direitos alheios nada significavam para os príncipes de Judá. Eles eram uma horda de ladrões. É importante ressaltar que Deus não tolera a quebra do oitavo mandamento: "Não furtarás" (Êx 20.15). Ele não aceita a roubalheira, mesmo que esta seja feita pelos príncipes, em nome da lei. Mudar marcos é apropriar-se indebitamente de propriedades alheias. É tomar o que é do outro pela força, pela lei ou pelo engano. A ira de Deus é derramada sobre aqueles que se enriquecem ilicitamente. Eles não ficarão sem o justo castigo divino.

Em quarto lugar, *a disciplina de Deus atinge o seu povo tanto interna quanto externamente* (5.12,14).

> Portanto, para Efraim serei como a traça, e para a casa de Judá como a podridão. [...] Porque para Efraim serei como um leão, e como um leãozinho para a casa de Judá; eu, eu mesmo os despedaçarei, e ir-me-ei embora; arrebatá-los-ei, e não haverá quem livre.

Deus usa duas figuras fortes para descrever a sua intervenção disciplinadora na vida de Israel e Judá. A traça e a podridão atacando internamente, e o leão e o leãozinho atacando externamente. Se Deus é o inimigo interior, também é o inimigo exterior.

Derek Kidner diz que tanto o processo silencioso da desintegração quanto o avanço dos exércitos são obra de Deus. Das duas ameaças, agressão e corrupção, a segunda é a mais sinistra para um povo. A agressão, apesar de todo o terror que produz, pode unir e purificar, mas a corrupção só divide e desmoraliza.[164]

Nessa mesma linha de pensamento, Warren Wiersbe diz que a decomposição interior de Israel era como a destruição oculta, lenta e progressiva causada pela traça (5.12), mas a vinda dos assírios era como o ataque súbito e evidente de um leão (5.14). Os dois eram inevitáveis, e ambos trariam ruína.[165] James Wolfendale diz que essa destruição interna que age como a traça é pequena em seu começo, vagarosa em seu progresso, mas certa em seu final.[166]

A. R. Crabtree diz que as figuras de traça e podridão representam o processo gradual e progressivo da corrupção e decadência de Israel e Judá. Deus, pela própria santidade, é um poder destrutivo para o pecador. Ele castiga a consciência do homem para despertá-lo e levá-lo ao arrependimento, porque não deseja a sua perdição. Se o pecador, porém, endurece o coração e se revolta contra Deus, ele será inevitavelmente destruído pelo próprio pecado e de acordo com a justiça divina.[167]

Ambos os reinos estão desmoronando e já não podem manter-se por mais tempo. Aqueles que não querem ouvir a repreensão de Deus são entregues a si mesmos para se corromperem. Aqueles que endurecem sua cerviz são quebrantados repentinamente como o ataque de um leão. O profeta Oseias adverte o povo, dizendo-lhe que, longe de protegê-lo, Deus o destruiria (5.14).

Concordo com Dionísio Pape quando afirma: "Em todas as épocas o povo de Deus nunca entende que Deus trata o seu povo com mais severidade, e não com menos".[168] O pecado dos salvos é mais grave, mais hipócrita e mais danoso do que o pecado dos ímpios. Mais grave porque os salvos pecam contra um maior conhecimento; mais hipócrita porque os salvos condenam o pecado em público e o praticam em secreto; e mais danoso porque, quando um crente peca, mais pessoas ficam escandalizadas.

Em quinto lugar, *aqueles que não se submetem à disciplina de Deus acabam buscando ajuda naqueles que vão oprimi-los* (5.13). "Quando Efraim viu a sua enfermidade, e Judá a sua chaga, subiu Efraim à Assíria e se dirigiu ao rei principal, que o acudisse; mas ele não poderá curá-los, nem sarar a sua chaga." Israel e Judá estavam moral e espiritualmente enfermos. Em vez, porém, de tomarem o remédio certo, buscaram o remédio errado. Em vez de Israel voltar-se para o Senhor em arrependimento, buscou aliança com a Assíria para se proteger. Mas essa atitude foi insensata, pois o povo de Deus acabou se aliando com aqueles que haveriam de dominá-lo e subjugá-lo.

Só Deus podia curar a enfermidade de Efraim e a chaga de Judá, mas eles tolamente buscaram um falso refúgio. O profeta chegou a comparar Israel com uma pomba enganada, sem entendimento, correndo atrás tanto do Egito quanto da Assíria (7.11) em vez de buscar ao Senhor. Apoio plenamente o que Derek Kidner diz sobre a atitude de Israel:

> Quando a nação se apercebeu de sua condição, sua reação foi tipicamente superficial. Para salvar sua pele, ela correu para a Assíria, não indagando que tipo de protetor estava buscando, e muito menos sobre o tipo de cura que realmente necessitava.[169]

Isaltino Filho faz uma advertência oportuna quando escreve:

> Que lição atual! Só há socorro em Deus, e buscá-lo fora dele, nos inimigos, é caminhar para a destruição. Esta era a rota que Israel traçara para si. Da mesma maneira a igreja de Cristo deve ter em mente que não são compromissos políticos nem a formação de um império econômico que garantirão o seu futuro. A igreja é de Cristo e deve ser regida pela Palavra de Deus.[170]

A história do fim de Israel, que Oseias tentou evitar e ao mesmo tempo anunciou, está em 2Reis 17. O pecado cega as pessoas. Elas se afastam de Deus e buscam socorro no que as destrói. Quem realmente poderia salvá-las foi deixado de lado. Israel virou as costas para Deus e buscou socorro no inimigo.[171]

Em sexto lugar, *a disciplina de Deus tem como propósito a restauração, e não a destruição do seu povo* (5.15). "Irei, e voltarei para o meu lugar, até que se reconheçam culpados e busquem a minha face; estando eles angustiados, cedo me buscarão..."

Deus castigou o seu povo com a vara da sua ira. A Assíria era essa vara da ira divina (Is 10.5). Aqueles que não escutam a voz de Deus receberão o chicote da sua disciplina. É melhor, porém, ser quebrado por Deus do que perecer no pecado. O castigo de Deus é melhor do que o castigo do inferno. Deus disciplina aqueles a quem ama. O propósito divino não é a destruição do seu povo, e sim a sua restauração. A disciplina é amarga, mas traz cura. Ela é dolorosa, mas restaura.

Derek Kidner está coberto de razão quando diz que, seja qual for o caráter desses juízos, eles são, acima de tudo, a breve indiferença que um amante demonstra para reacender o amor de sua amada.[172] David Hubbard ainda acrescenta: O juízo, por mais severo que seja, não pretende aniquilar os dois reinos, mas conduzi-los ao arrependimento, conforme indica com clareza a expressão *até que*, do versículo 15.[173]

Concluo com as palavras de Warren Wiersbe: "Israel precisava de oração e de verdadeiro arrependimento, mas em vez disso, confiou na política e em tratados inúteis. Ao Senhor só restava afastar-se e esperar que o buscassem em verdade e em humildade".[174]

Notas do capítulo 6

[144] REED, Oscar. *O livro de Oseias*. In *Comentário bíblico Beacon*. Vol. 5. 2005: p. 42.
[145] HUBBARD, David A. *Oseias: Introdução e comentário*. 2006: p. 122.
[146] COELHO FILHO, Isaltino Gomes. *Os profetas menores (I)*. 2004: p. 36.
[147] KIDNER, Derek. *A mensagem de Oseias*. 1988: p. 50.
[148] FEINBERG, Charles L. *Os profetas menores*. 1988: p. 30.
[149] KIDNER, Derek. *A mensagem de Oseias*. 1988: p. 50.
[150] REED, Oscar. *O livro de Oseias*. In *Comentário bíblico Beacon*. Vol. 5. 2005: p. 42.
[151] CRABTREE, A. R. *O livro de Oseias*. 1961: p. 96.
[152] FEINBERG, Charles L. *Os profetas menores*. 1988: p. 30.
[153] FEINBERG, Charles L. *Os profetas menores*. 1988: p. 31.
[154] CRABTREE, A. R. *O livro de Oseias*. 1961: p. 98.
[155] FEINBERG, Charles L. *Os profetas menores*. 1988: p. 31.
[156] KIDNER, Derek. *A mensagem de Oseias*. 1988: p. 52.
[157] CRABTREE, A. R. *O livro de Oseias*. 1961: p. 99.
[158] CRABTREE, A. R. *O livro de Oseias*. 1961: p. 100.
[159] HUBBARD, David A. *Oseias: Introdução e comentário*. 2006: p. 131,132.
[160] KIDNER, Derek. *A mensagem de Oseias*. 1988: p. 53.
[161] CRABTREE, A. R. *O livro de Oseias*. 1961: p. 100.
[162] CRABTREE, A. R. *O livro de Oseias*. 1961: p. 101.
[163] KIDNER, Derek. *A mensagem de Oseias*. 1988: p. 54.
[164] KIDNER, Derek. *A mensagem de Oseias*. 1988: p. 54.
[165] WIERSBE, Warren W. *Comentário bíblico expositivo*. Vol. 4. 2006: p. 398.
[166] WOLFENDALE, James. *The preacher's homiletic commentary*. Vol. 20. 1996: p. 80.
[167] CRABTREE, A. R. *O livro de Oseias*. 1961: p. 103.
[168] PAPE, Dionísio. *Justiça e esperança para hoje*. 1983: p. 15.
[169] KIDNER, Derek. *A mensagem de Oseias*. 1988: p. 54,55.
[170] COELHO FILHO, Isaltino Gomes. *Os profetas menores (I)*. 2004: p. 38.
[171] COELHO FILHO, Isaltino Gomes. *Os profetas menores (I)*. 2004: p. 37.
[172] KIDNER, Derek. *A mensagem de Oseias*. 1988: p. 56.
[173] HUBBARD, David A. *Oseias: Introdução e comentário*. 2006: p. 131.
[174] WIERSBE, Warren W. *Comentário bíblico expositivo*. Vol. 4. 2006: p. 399.

Capítulo 7

Os perigos de uma falsa conversão
Oseias 6.1-11

O PROFETA OSEIAS acabara de anunciar o irremediável juízo de Deus aos impenitentes reinos de Israel e Judá, dizendo que seria para eles como traça que ataca por dentro e como leão que ataca por fora (5.12-15). Diante do castigo iminente, o povo esboça uma reação de volta para Deus, sinalizando uma conversão ao Senhor. Porém, será que essa volta é de todo o coração? Será que essa conversão é profunda o suficiente para livrá-lo da destruição?

O texto nos mostrará que a conversão de Israel foi superficial. Na verdade, não houve tristeza pelo pecado, e sim pesar pelas consequências do pecado. Israel queria livrar-se do castigo, mas não estava disposto a desvencilhar-se dos seus erros. Um arrependimento que lamenta apenas as consequências do pecado em vez de chorar pelo pecado é assaz superficial. Dionísio Pape diz corretamente que o mal dentro da sociedade estava tão arraigado na prática da exploração econômica, na imoralidade e na avidez de riquezas luxuosas que tais profissões de conversão eram absolutamente vazias.[175]

Trataremos nesta exposição acerca da falsa conversão de Israel. Quais são os sinais e perigos dessa falsa conversão?

Arrependimento superficial (6.1-3)

O propósito de Deus na disciplina do seu povo não era a sua destruição, mas a sua restauração: "Irei, e voltarei para o meu lugar, até que se reconheçam culpados e busquem a minha face; estando eles angustiados, cedo me buscarão, dizendo: Vinde, e tornemos para o SENHOR..." (5.15–6.1). O que Deus esperava era uma genuína conversão, manifestada pelo arrependimento ("até que se reconheçam culpados") e pela fé ("e busquem a minha face"). O arrependimento e a fé são os dois elementos da conversão. O primeiro elemento é negativo. O arrependimento é o reconhecimento da culpa, enquanto a fé é a volta para Deus para depositar nele inteira confiança.

A. R. Crabtree diz que esse apelo para voltar ao Senhor baseia-se na certeza de que o administrador do castigo poderia sarar as feridas. Reduzidos à desesperança, não tiveram outro caminho, senão voltar para o Senhor.[176] No entanto, será que Israel voltou-se mesmo para o Senhor? Era o Senhor mesmo que eles buscavam? O texto em tela mostra que essa volta não era de todo o coração e que o arrependimento não foi profundo o suficiente.

Por que o arrependimento de Israel foi superficial?

Em primeiro lugar, *porque queria livrar-se das consequências do pecado, e não do pecado* (6.1). "Vinde, e tornemos para o SENHOR, porque ele nos despedaçou, e nos sarará; fez a ferida, e a ligará." Os judeus estavam preocupados em ser curados, e não em ser purificados. Viram a nação em dificuldades e queriam que Deus "consertasse" as coisas, mas não se chegaram a ele com o coração quebrantado e disposto a renunciar seus pecados. Queriam felicidade e não santidade, uma mudança de circunstâncias e não uma mudança de caráter. Derramaram lágrimas de remorso por seu sofrimento, mas não de arrependimento por seus pecados.[177]

É importante entender que o mesmo Deus que disciplina também restaura. O mesmo que faz a ferida também a cura. Concordo com Charles Feinberg quando diz que o homem pode ferir e despedaçar, mas é impotente para ligar e sarar. Só o Senhor pode realizar a cura.[178] Só dele vem a restauração. Israel sabia disso, mas não se voltou para Deus de todo o seu coração.

Em segundo lugar, *porque queria respostas imediatas sem um aprofundamento da sua experiência com Deus* (6.2). "Depois de dois dias nos revigorará; ao terceiro dia nos levantará, e viveremos diante dele." Israel acreditava que o tratamento divino funcionaria rapidamente. Queriam livramento imediato, apostavam na cura instantânea, buscavam uma solução sem reflexão.

Israel estava acostumado com os falsos profetas, que curavam superficialmente as feridas do povo, dizendo: paz, paz, quando não havia paz, minimizando, assim, seus pecados e fazendo promessas em nome de Deus que ele não estava fazendo (Jr 6.14; 8.11-16). Deus não aceita paliativos.

Ele não se contenta com sinais externos. Ele não se agrada de palavras bonitas e corações impenitentes. Ele requer verdade no íntimo.

A ferida de Israel era mortal (6.2). As expressões *nos revigorará* e *nos levantará* com frequência indicam ressuscitamento e ressurreição. Elas antecipam os relatos mais explícitos de ressurreição nacional após a morte no exílio ou mediante perseguição, encontrados em Ezequiel 37.[179]

A nação não estava apenas doente, mas se tornaria como um vale de ossos secos. Porém, mesmo diante dos sinais de morte, Deus levantaria o seu povo do pó. Seu Espírito sopraria nesse vale de ossos secos, e um exército poderoso se reergueria das cinzas da morte. Ainda hoje Deus é poderoso para reavivar a sua igreja. Mesmo que ela pareça um deserto, florescerá. Mesmo que se torne como um vale de ossos secos, Deus é poderoso para reerguê-la da sepultura.

No século 18, a igreja da Inglaterra estava em profunda crise. Pregadores apáticos pregavam sermões mortos para auditórios vazios e sonolentos e desciam do púlpito para se embriagar nas mesas de jogo. Poucos pregadores ousavam crer na inerrância das Escrituras. Os enciclopedistas apostavam na total falência da igreja na Inglaterra naquele tempo. Mas quando a igreja parecia um vale de ossos secos, um grupo de jovens começou a buscar a Deus em oração. Formaram aquilo que conhecemos como *clube santo*.

Na madrugada de 31 de dezembro de 1739, o Espírito de Deus soprou sobre aqueles jovens e os levantou com grande poder. Entre eles estavam João Wesley e George Whitefield. As igrejas da Inglaterra começaram a encher-se de pessoas famintas de Deus. Nas praças as pessoas acotovelavam-se sedentas para ouvir esses pregadores anunciarem a graça de Deus. Um poderoso avivamento varreu aquela nação trazendo vida e salvação para milhares de pessoas. Os historiadores chegam a afirmar que foi esse reavivamento que salvou a Inglaterra do banho de sangue da Revolução Francesa.

Em terceiro lugar, *porque a busca pelo conhecimento de Deus visava mais as bênçãos de Deus do que o Deus das bênçãos* (6.3). "Conheçamos, e prossigamos em conhecer ao Senhor: como a alva a sua vinda é certa; e ele descerá sobre nós como a chuva, como chuva serôdia que rega a terra."

Israel tinha abandonado a Deus para buscar a Baal, o padroeiro da prosperidade. Eles não estavam interessados em Deus, mas em suas colheitas. Eles queriam prosperidade, e não conhecimento de Deus. Essa volta para Deus era apenas uma barganha. Eles se voltariam para Deus, e Deus se voltaria para eles para abençoá-los com chuvas e fartas colheitas. A religião natural era tudo o que eles desejavam. Eles queriam uma boa colheita. Não Deus, propriamente.[180]

A igreja evangélica brasileira está eivada dessa mesma tendência. As pessoas lotam os templos não porque têm sede de Deus, mas porque têm fome do pão que perece. Elas não querem Deus, querem apenas as benesses de Deus. Por sua vez, muitos pregadores não estão interessados na salvação dos perdidos, mas apenas no lucro.

O que mais temos ouvido hoje é que Deus pode nos dar uma casa nova, um carro novo e muito dinheiro no banco. A busca desenfreada pela prosperidade financeira tomou o lugar da mensagem da salvação. A procura ávida pelos milagres substituiu a mensagem da cruz. Não podemos confundir grandes ajuntamentos com espiritualidade. Não podemos confundir a busca pelos milagres com a busca por Deus. O centro de todas as coisas continua sendo o homem, e não Deus. Israel também fluía aos borbotões para os seus santuários, mas eles não conheciam ao Senhor.

Isaltino Filho interpreta corretamente esse sentimento mesquinho, de troca e barganha, que dominou Israel, impedindo-o de chegar ao verdadeiro arrependimento:

> O baal adorado em Israel era o deus da fertilidade. Para uma colheita abundante deveria haver chuva. Eles esperavam que o seu baal lhes enviasse chuva. É como se fosse uma troca. Iavé pode lhes dar o que Baal deveria lhes dar? Então, buscariam ao Senhor.[181]

A. R. Crabtree diz que essas palavras: "conheçamos, e prossigamos em conhecer ao Senhor" eram nobres, mas foram proferidas muito tarde, quando Israel não tinha mais força moral para livrar-se do seu conceito pagão do caráter de Deus e colocar em prática a sua resolução.

Há sempre pessoas que sabem citar grandes doutrinas teológicas sem o entendimento da sua significação, ou sem a vontade de viver de acordo com a própria confissão.[182] Esse é um grande perigo. Esse é um sinal de alerta acerca do arrependimento superficial.

Amor inconstante (6.4)

Deus colocou o dedo na ferida e trouxe a lume a real condição espiritual de Israel. A conversão deles era superficial. O arrependimento deles era falso. Seu amor por Deus era epidérmico, vacilante, instável e passageiro. Não havia sinceridade em conhecer ao Senhor nem constância em amá-lo. Algumas verdades devem ser aqui destacadas:

Em primeiro lugar, *Deus não se impressiona com palavras bonitas, ele vê o coração* (6.4). "Que te farei, ó Efraim? Que te farei, ó Judá? porque o vosso amor é como a nuvem da manhã, e como o orvalho da madrugada, que cedo passa." Israel se propôs a voltar-se para Deus (6.1). O povo reconheceu que Deus era o autor tanto da disciplina como da restauração (6.1b). O povo prometeu viver na presença de Deus (6.2). O povo proclamou o seu propósito de conhecer a Deus e prosseguir nesse conhecimento, certo de que Deus viria sobre eles, trazendo-lhes restauração.

As palavras eram bonitas. O desempenho era irretocável. Externamente tudo parecia perfeito. Porém, Deus sondou o coração do povo e viu que nada era sincero e nada fazia sentido. Essas palavras brotavam de um coração sem amor profundo e duradouro por Deus. O amor de Israel por Deus era como uma nuvem da manhã e como o orvalho da madrugada, que se dissipam rapidamente!

Warren Wiersbe diz acertadamente que Deus não quer que o nosso relacionamento com ele seja constituído de palavras bonitas e de rituais vazios, de corações que se enchem de entusiasmo num dia e no dia seguinte estão frios. Um ritual superficial jamais pode substituir o amor sincero e a obediência fiel (1Sm 15.22,23; Am 5.21-24; Mq 6.6-8; Mt 9.13; 12.7).[183] Asafe retrata essa realidade:

> Quando os fazia morrer, então o buscavam; arrependidos procuravam a Deus. Lembravam-se de que Deus era a sua rocha, e o Deus Altíssimo o seu redentor. Lisonjeavam-no, porém de boca, e com a língua lhe mentiam. Porque o coração deles não era firme para com ele, nem foram fiéis à sua aliança (Sl 78.34-37).

Em segundo lugar, *a palavra de Deus, que deveria salvá-los, é enviada para castigá-los* (6.5). "Por isso os abati por meio dos profetas; pela palavra da minha boca os matei..." A palavra de Deus é espada de dois gumes. Ela anuncia graça e juízo; aos que se arrependem, proclama misericórdia; aos impenitentes, trombeteia o juízo. A palavra de Deus é martelo que esmiúça a penha. Os corações duros serão quebrados repentinamente sem que haja cura. A palavra de Deus é fogo. Ela purifica o ouro, mas queima as escórias. Diante da pregação da palavra, os homens jamais poderão ser neutros: serão melhores ou piores.

Ao ler este livro você está sendo confrontado. A palavra de Deus sempre exige uma resposta. Você é escravo da sua liberdade. Você não pode deixar de tomar uma decisão. Quem não se decide por Cristo decide-se contra ele. Quem com ele não ajunta espalha. Até a indecisão é uma decisão, a decisão de não se decidir, e aqueles que não se decidem por Cristo decidem-se contra ele. Deus envia agora sua palavra para você ser salvo por intermédio dela, mas se você a recusar, você será condenado por ela. Aquilo que poderia ser vida para você torna-se morte!

Em terceiro lugar, *aqueles que rejeitam a misericórdia terão de enfrentar o juízo* (6.5b). "[...] e os meus juízos sairão como a luz". Israel desprezou a misericórdia e agora enfrentará os juízos de Deus. Porque desprezaram a bondade de Deus, terão de enfrentar a sua severidade. O homem pode rejeitar a misericórdia, mas jamais pode se livrar do juízo. Quando o juízo de Deus veio à luz, Israel foi levado para o cativeiro. Porque desprezaram a graça, receberam o azorrague da justiça.

Culto fingido (6.6)

O profeta Oseias, agora, mostra que o falso arrependimento de Israel e sua conversão superficial consistiam numa manifestação religiosa, com abundantes sacrifícios, mas desacompanhada de uma vida santa. Não havia conexão entre o culto e a vida. Existia um profundo abismo entre o que eles falavam e o que faziam; entre o que professavam e o que praticavam. A vida deles era inconsistente. O povo de Israel queria substituir piedade por religiosidade. Queria substituir quebrantamento por desempenho; amor verdadeiro por pomposos rituais. Algumas verdades podem ser aqui observadas:

Em primeiro lugar, *o culto que agrada a Deus manifesta-se numa relação correta com o próximo* (6.6a). "Pois misericórdia quero, e não sacrifício..." Em 5.6, Oseias descreveu como vã a busca da aprovação divina por intermédio de sacrifício de animais. Aqui, ele nos diz o motivo: a busca não era acompanhada pelos componentes essenciais de lealdade para com a graça da aliança com Deus e de obediência às exigências da sua aliança.

Em si os sacrifícios não eram maus, mas significativamente menos importantes do que a obediência à aliança, que Iavé desejava e em que ele se deleitava. Qualquer ideia sobre os sacrifícios transforma-os em atos mágicos que tentam manipular Iavé e, portanto, são rejeitados por ele.[184] O profeta Samuel já dissera no passado: "Eis que o obedecer é melhor do que o sacrificar" (1Sm 15.22).

O povo estava indo aos santuários e fazendo seus sacrifícios, mas os seus relacionamentos estavam quebrados. Havia injustiça no comércio. Havia opressão dos ricos sobre os pobres. Havia corrupção nos palácios. Havia crueldade nos tribunais. Havia violência nas ruas. Havia prostituição nos altos. O exemplo dos sacerdotes e dos príncipes era mau. A sociedade estava doente. O povo estava com a vida espiritual e moral em frangalhos. De forma equivocada eles pensavam que seus sacrifícios pudessem substituir a prática da misericórdia. Não podemos amar a Deus se não amamos aos nossos irmãos.

Concordo com Charles Feinberg quando diz que foi Deus quem instituiu o sistema levítico dos sacrifícios. O que Deus está exigindo é algo mais profundo que a mera rotina de trazer e oferecer sacrifício. É fácil substituir o visível pelo real. O Senhor quer a piedade em primeiro lugar e acima de tudo.[185] Deus não quer palavras nem ritos sem misericórdia. Deus quer relacionamento com ele e com o próximo e não cerimônias vazias.

Cultos, encontros, congressos, técnicas, atividades eclesiásticas, discursos, nada disso pode substituir o que Deus pede de nós: que o amemos e que o conheçamos. Isto é conversão. Amar a Deus acima de todas as coisas e ao nosso próximo, como a nós mesmos.[186]

Jesus citou essa passagem duas vezes para reforçar o seu ensino do significado da religião do amor na vida, em oposição ao formalismo dos fariseus. Na ocasião do banquete de Mateus, oferecido a Jesus e aos publicanos, os fariseus perguntaram aos discípulos do Mestre por que ele comia com publicanos e pecadores. O Messias respondeu com as palavras de Oseias: "Misericórdia quero, e não holocaustos" (Mt 9.13).

Em outra ocasião os fariseus se queixaram de que não era lícito que os discípulos colhessem espigas e as comessem no sábado. O Mestre respondeu pela segunda vez com as palavras do profeta e acrescentou que o Filho do homem era o Senhor até do sábado (Mt 12.7,8). Este grande ensino do profeta Oseias é universalmente aplicável em todas as épocas da história, entre todos os povos do mundo.[187]

Em segundo lugar, *o culto que agrada a Deus manifesta-se numa relação correta com Deus* (6.6b). "[...] e o conhecimento de Deus, mais do que holocaustos". Os sacerdotes haviam desprezado o conhecimento de Deus e da sua palavra, e o povo estava sendo destruído pela falta de conhecimento. Agora, quando o povo era ameaçado pela disciplina de Deus, resolveu voltar-se para o Senhor, mas esse conhecimento de Deus que afirmavam ter era extremamente raso. Eles pensavam que podiam agradar a Deus com seus holocaustos.

Porém, Deus não queria apenas holocaustos, ele queria o seu povo. Não queria apenas ofertas, mas os seus corações. Não era suficiente conhecer a respeito de Deus, era imperativo conhecer a Deus. Derek Kidner diz que a religião de Israel consistia apenas numa tentativa de aplacar a Deus com sacrifícios, e não num relacionamento profundo de amor.[188]

Isaltino Filho pergunta, com pertinência: "Por que seguimos a Cristo? Para receber bênçãos? Para termos prosperidade? Para recebermos uma cura física? Isso não é conversão. Jesus disse para a multidão que foi em busca dele: "Em verdade, em verdade vos digo: Vós me procurais não porque vistes sinais, mas porque comestes dos pães e vos fartastes" (Jo 6.26).

Deus deve ser amado e Cristo deve ser seguido não por interesses, mas por amor. A conversão se expressa num desejo de viver com Deus; não por aquilo que ele dá, mas por quem ele é. Por isso, a conversão de Israel foi um mero "fogo de palha", porque eles estavam interessados não em Deus, mas nas bênçãos de Deus."[189] O centro de tudo era o homem, e não Deus.

Aliança quebrada (6.7)

A conversão falsa de Israel é evidenciada novamente pela quebra da aliança com Deus. Israel tornou-se como uma mulher adúltera e prostituta que troca seu marido por outros amantes. Israel viola sua aliança com Deus e se comporta aleivosamente contra o Senhor. Destacamos aqui duas verdades:

Em primeiro lugar, *uma infidelidade clamorosa* (6.7a). "Mas eles transgrediram a aliança, como Adão..." Deus firmara com Adão um pacto de obras, mas Adão transgrediu essa aliança e jogou a raça humana no abismo do pecado. Por meio de Adão entrou o pecado no mundo, e pelo pecado a morte. Deus também firmou uma aliança com Israel de ser o seu Deus e Israel ser o seu povo.

Deus prometeu a Israel, se o povo obedecesse, as bênçãos da Terra Prometida (Dt 28), mas os israelitas quebraram a aliança e sofreram as dolorosas consequências. Israel quebrou a aliança, foi atrás de outros deuses e se prostituiu com toda sorte de idolatrias abomináveis. Abandonar a Deus para viver na prática do pecado é um ato de infidelidade; é traição ao Deus que nos criou, nos salvou e nos sustenta. Tanto para Israel quanto para Judá, Deus havia determinado um tempo de ceifa, e eles colheriam aquilo que tinham semeado (Gl 6.7,8).[190]

Em segundo lugar, *um comportamento traidor* (6.7b). "[...] eles se portaram aleivosamente contra mim". Israel pecou contra o amor; Israel calcou aos pés a graça. Deus escolheu esse povo dentre todos os povos. Deus libertou esse povo da escravidão. Sustentou esse povo no deserto. Deu-lhe a sua lei e enviou-lhe os seus profetas. Deus abençoou Israel com toda sorte de bênçãos, mas Israel voltou as costas para Deus para viver de forma descarada no pecado. Israel chafurdou-se no pântano do pecado e se tornou pior do que as nações pagãs.

Violência desumana (6.8,9)

A conversão de Israel para o bem era fingida; mas a sua inclinação para o mal era real. O povo não se voltou para Deus de verdade, mas se voltou para a violência com toda força.

A violência em Israel era institucionalizada. Os crimes não procediam dos bolsões de pobreza, mas dos palácios. O derramamento de sangue não era promovido por gangues perversas que declaradamente viviam no submundo do crime, mas por homens togados, que falavam em nome da religião. Quando a liderança de uma nação perde seus referenciais e se mancomuna na prática de crimes e excessos, a nação naufraga. Foi assim com Israel e Judá. Foi assim no antigo Império Romano. É assim ainda hoje. Destacamos aqui dois pontos:

Em primeiro lugar, *os lugares sagrados que deveriam proteger da violência promovem a violência* (6.8). "Gileade é a cidade dos que praticam a injustiça, manchada de sangue." Vemos aqui uma espécie de pequeno atlas geográfico do pecado em Israel. Ao passar de um lugar para outro, relacionam-se os famosos crimes das diversas localidades como uma acusação contra toda a nação.[191]

Gileade era uma das cidades designadas como cidade de refúgio (Js 20.8; 21.38), mas agora se converte em cidade da injustiça. Gileade deveria impedir o derramamento de sangue, mas ela se converte em cidade manchada de sangue. Aquela cidade estava dominada por grandes e terríveis pecados. Assim também são hoje os grandes centros urbanos.

Em segundo lugar, *os ministros sagrados que deveriam proteger o povo exploram e matam o povo* (6.9). "Como hordas de salteadores que espreitam alguém, assim é a companhia dos sacerdotes, pois matam no caminho para Siquém; praticam abominações." Os sacerdotes deveriam ser exemplos de virtude. Eles deveriam ensinar ao povo a lei de Deus, orar pelo povo e se colocar na brecha em favor dele. Porém, os sacerdotes se corromperam. Eles se aliaram aos endinheirados para explorar o povo. Tornaram-se não um sacerdócio santo, mas uma horda de salteadores que roubam os bens e tiram a vida. Os sacerdotes deixaram de ser agentes da vida para se tornarem mercadores da morte. Em vez de serem ministros de Deus, tornaram-se embaixadores do diabo.

O caminho para Siquém é mencionado como o lugar do homicídio e de crimes sanguinários. Os viajantes do norte da terra e de Samaria, em geral, passavam pela cidade de Siquém quando a caminho para Betel, o centro de culto do Reino do Norte. Sacerdotes, como salteadores, espreitavam os viajantes no caminho para lhes roubar, e quando um homem resistia, eles o matavam.[192]

Imoralidade contagiosa (6.10,11)

O profeta Oseias arranca a última máscara de Israel, mostrando que não havia arrependimento verdadeiro nem conversão sincera, mas um aprofundamento deliberado na imoralidade. Desde a liderança até os liderados; do palácio à choupana; desde os príncipes até os sacerdotes, a nação toda estava entregue a pecados horrendos. A idolatria levou o povo à imoralidade. Essa imoralidade contaminou Israel e atingiu Judá, que também num breve espaço de tempo sofreria amargas consequências. Chamamos a atenção para dois pontos:

Em primeiro lugar, *o pecado do povo de Deus é mais grave do que o pecado dos ímpios* (6.10). "Vejo uma coisa horrenda na casa de Israel: ali está a prostituição de Efraim; Israel está contaminado." Deus está vendo coisas horrendas não entre os pagãos, mergulhados nas trevas, mas no povo escolhido. Em vez de ser luz para as nações, Israel foi envolvido pelas trevas dos povos. Em vez de ser exemplo para os povos, Israel imitou seus pecados mais horrendos. Em vez de viver em santidade, Israel se entregou à prostituição e à imoralidade. Quando um crente peca, esse pecado é mais grave, mais hipócrita e mais danoso do que o pecado do ímpio. É mais grave porque o crente peca contra maior conhecimento; é mais hipócrita porque o crente denuncia o pecado nos outros, mas o comete em secreto; é mais danoso porque, quando o crente peca, mais pessoas ficam escandalizadas e são atingidas.

Em segundo lugar, *o pecado do povo de Deus é mais contagioso que o pecado dos ímpios* (6.11). "Também tu, ó Judá, serás ceifado." Judá contaminou-se pelos pecados de Israel e também será ceifado. O juízo sobre Judá tardará por um pouco, mas não falhará. A convivência com Israel contaminou Judá e, como fermento, penetrou em suas entranhas e o ceifou. Acautelemo-nos acerca desse poder contagioso do pecado. Ele se alastra e, onde chega, ele mata!

Notas do capítulo 7

[175] Pape, Dionísio. *Justiça e esperança para hoje.* 1983: p. 15.
[176] Crabtree, A. R. *O livro de Oseias.* 1961: p. 106,107.

177 WIERSBE, Warren W. *Comentário bíblico expositivo.* Vol. 4. 2006: p. 399.
178 FEINBERG, Charles L. *Os profetas menores.* 1988: p. 33.
179 HUBBARD, David. *Oseias: Introdução e comentário.* 2006: p. 136.
180 COELHO FILHO, Isaltino Gomes. *Os profetas menores (I).* 2004: p. 41.
181 COELHO FILHO, Isaltino Gomes. *Os profetas menores (I).* 2004: p. 41,42.
182 CRABTREE, A. R. *O livro de Oseias.* 1961: p. 108,109.
183 WIERSBE, Warren W. *Comentário bíblico expositivo.* Vol. 4. 2006: p. 400.
184 HUBBARD, David A. *Oseias: Introdução e comentário.* 2006: p. 138.
185 FEINBERG, Charles L. *Os profetas menores.* 1988: p. 34.
186 COELHO FILHO, Isaltino Gomes. *Os profetas menores (I).* 2004: p. 43.
187 CRABTREE, A. R. *O livro de Oseias.* 1961: p. 112.
188 KIDNER, Derek. *A mensagem de Oseias.* 1988: p. 57.
189 COELHO FILHO, Isaltino Gomes. *Os profetas menores (I).* 2004: p. 43.
190 WIERSBE, Warren W. *Comentário bíblico expositivo.* Vol. 4. 2006: p. 400.
191 KIDNER, Derek. *A mensagem de Oseias.* 1988: p. 61.
192 CRABTREE, A. R. *O livro de Oseias.* 1961: p. 114.

Capítulo 8

Uma nação madura para o juízo
Oseias 7.1-16

A NAÇÃO DE ISRAEL estava rendida ao pecado e à beira do juízo. Os sacerdotes, os reis, os príncipes e todo o povo capitularam à iniquidade e à devassidão. Em vez de voltar-se para o Senhor, aprofundavam-se ainda mais no pecado. Em vez de buscar socorro no Altíssimo, voltavam-se para as superpotências estrangeiras para fazer alianças insensatas. Anestesiados por seus pecados, pensando tolamente que Deus não via as suas mazelas, Israel alimentou a soberba no coração, antes de cair na rede de Deus e ser levado para o cativeiro.

Como introdução, destacamos três pontos acerca de Israel:

Em primeiro lugar, *um povo que tem*

o relacionamento errado com Deus (7.1a). "Quando me disponho a mudar a sorte do meu povo, e a sarar a Israel, se descobre a iniquidade de Efraim, como também a maldade de Samaria, porque praticam a falsidade..." Deus buscava o seu povo, e o povo buscava o pecado. Deus queria mudar a sorte do seu povo, e o povo chafurdava ainda mais no pântano de suas iniquidades. Deus procurava sarar o povo, e este ainda mais se rendia à falsidade. Israel foi uma nação que se recusou a buscar o arrependimento.

David Hubbard diz corretamente que o propósito gracioso de Deus colide com as realidades da rebelião de Efraim. O propósito bondoso alcança a nação toda, mas é bloqueado pela conduta pecaminosa que se concentra em Efraim.[193] Derek Kidner diz que a preocupação divina é a do pai pelo filho que se recusa a ser ajudado.[194] A. R. Crabtree afirma que o poder do amor do Senhor não pode operar no coração que é persistentemente perverso e rebelde.[195] Onde não há arrependimento, não há graça.

Em segundo lugar, *um povo que tem o relacionamento errado com os homens* (7.1b). "[...] por dentro há ladrões, e por fora rouba a horda de salteadores". Quando o homem abandona a Deus, ele se torna um laço para o seu semelhante. Quando a piedade é banida da terra, a violência altaneia entre os homens. Quando o homem perde o temor de Deus, ele deixa de respeitar a vida e os bens alheios. Os próprios sacerdotes entregaram-se à roubalheira e à criminalidade. Em vez de ministros de Deus, tornaram-se ladrões e assassinos. Charles Feinberg diz que infidelidade e deslealdade para com Deus resultaram em violência e perigo para o homem.[196]

Em terceiro lugar, *um povo que perdeu o temor e o pudor* (7.2-4a). "Não dizem no seu coração que eu me lembro de toda a sua maldade; agora, pois, os seus próprios feitos os cercam: acham-se diante da minha face. Com a sua malícia alegram ao rei, e com as suas mentiras, aos príncipes. Todos eles são adúlteros..." Israel perdeu o temor de Deus ao viver no pecado, acreditando que o Senhor não se importava mais com a situação. Eles fizeram pouco caso da santidade de Deus, e essa distorção doutrinária os acomodou no pecado.

O pecado, porém, é mortal, mesmo que o julguemos inofensivo. Israel foi apanhado pelas cordas do seu pecado e, prisioneiro nesse cipoal, encontrou-se na presença de Deus, o reto juiz. Tem-se dito com muito acerto que o pecado secreto na terra é franco escândalo no céu, pois nossos pecados ocultos são colocados sob a luz do rosto de Deus (Sl 90.8).[197]

David Hubbard diz que Israel foi confinado em sua própria conduta, cercado como um exército, capturado pelas tropas de sua própria perversidade. E o Senhor, a quem ignoraram sistematicamente, estava ali, bem próximo, para ver o dano que suas perversidades infligiriam a eles mesmos.[198]

Abandonar a Deus é apostatar da verdade, e aqueles que sacrificam a verdade no altar do prazer não são apenas enganados, mas também se tornam agentes do engano. Por isso, essa liderança religiosa corrupta alegrava o rei com a sua malícia e os príncipes com as suas mentiras.

Tendo perdido o temor, perderam também o pudor. Todos eles se tornaram adúlteros. O contexto do capítulo 7 de Oseias deixa claro que esse adultério foi primeiro espiritual e depois físico. Porque o povo abandonou o Deus verdadeiro para prostituir-se com os ídolos, não tardou para que os valores morais se afrouxassem. O resultado inevitável foi que a imoralidade e o adultério tornaram-se práticas comuns em toda a nação, passando desde o templo, pelo palácio e chegando às ruas.

O profeta Oseias usa quatro símiles para descrever o amadurecimento de Israel para o juízo. Consideremos, agora, essas figuras:

Um forno aceso (7.4-7)

Os sacerdotes e os reis perderam completamente o referencial da santidade e da decência. As mazelas da nação não vieram dos bolsões de pobreza, mas dos templos religiosos e do palácio. Oseias descreve com cores vivas a inclinação desses líderes para o pecado. David Hubbard é da opinião de que todo o quadro de Oseias 7.3-7 coloca a perfídia sacerdotal contra a credulidade real. E ninguém vence.[199] Destacaremos a seguir cinco pontos para a nossa reflexão:

Em primeiro lugar, *uma paixão ardente pela sensualidade* (7.4). "Todos eles são adúlteros: semelhantes ao forno aceso pelo padeiro, que somente cessa de atiçar o fogo desde que sovou a massa até que seja levedada."

Os líderes religiosos e políticos da nação estavam com alta temperatura, superaquecidos, inflamados e excitados sexualmente, ávidos por cometer adultério. Eles se empanturravam com paixões e desejos proibidos. A mente deles estava tomada pela lascívia. Seu coração estava ensopado de impureza. Seus olhos estavam cheios de cobiça. Seus pés se apressavam para as sendas da imoralidade. Eram todos adúlteros e estavam todos ardendo pela febre da volúpia. David Hubbard entende que os sacerdotes que deveriam ter vigiado o rei o deixaram indefeso, pronto para ser queimado pelo forno incandescente da conspiração.[200]

Em segundo lugar, *um descontrole total pela bebedeira* (7.5). "No dia da festa do nosso rei, os príncipes se tornaram doentes com o excitamento do vinho, e ele deu mãos aos escarnecedores." As festas palacianas eram regadas a vinho. Os príncipes, longe de serem homens sóbrios, eram escravos da embriaguez. Eles se entregavam a excessos, a ponto de ficarem doentes de tão bêbados. O rei, em vez de corrigir esses abusos, acelerava ainda mais esse processo, fazendo parcerias com os escarnecedores. Quando os líderes da nação se entregam aos vícios degradantes, o povo se corrompe, pois os pecados do líder são os mestres do pecado.

Warren Wiersbe diz que Oseias descreve uma festa num palácio durante a qual o rei e os seus oficiais se embriagam, dando aos inimigos do rei a oportunidade de depô-lo e até de matá-lo. Vale lembrar que Israel teve cinco reis em treze anos e, em vinte anos, quatro reis foram assassinados.[201] Os príncipes são os padeiros negligentes, dormindo ao lado de suas taças enquanto se alastram as chamas de uma revolta em potencial. O rei é deixado numa condição vulnerável e pode ser rapidamente acrescentado à lista daqueles filhos reais que "caíram" para nunca mais se levantar.[202]

Em terceiro lugar, *uma maquinação constante para o mal* (7.6). "Porque prepararam o coração como um forno, enquanto estão de espreita; toda a noite dorme o seu furor, mas pela manhã arde como labaredas de fogo."

Os líderes religiosos e políticos, em vez de serem exemplo para o povo, viviam na tocaia, na espreita, buscando uma oportunidade para praticar injustiça e violência. Seus crimes eram planejados. Seus pecados eram deliberados. Eles preparavam o coração como um padeiro acende um forno. Em vez de usarem a noite para descansar, usavam-na apenas para aquecer ainda mais os seus corações para a prática do mal. O alcoolismo e a violência caminham de mãos dadas. Os que se entregam à bebedeira são candidatos à prática da violência.

Oscar Reed diz que, como um forno, esses líderes aplicaram o coração para armar emboscadas. Declaravam lealdade ao rei, mas esperavam até o momento oportuno. O plano secreto lhes queimava o coração durante toda a noite. E, pela manhã, incendiavam como fogo de chama no assassinato do rei. Regicídio após regicídio acontecera nas últimas três décadas no reino setentrional.[203]

Em quarto lugar, *uma conspiração contínua para matar* (7.7). "Todos eles são quentes como um forno, e consomem os seus juízes; todos os seus reis caem..." A história do Reino do Norte foi uma saga eivada de violência, conspiração e assassinatos. Sobretudo depois da morte de Jeroboão II, num período de poucas décadas, vários reis que assumiram o trono foram assassinados por seus sucessores. O palácio tornou-se um antro de criminosos.

Charles Feinberg entende que Oseias está falando aqui do assassinato dos reis Zacarias, Salum, Pecaías e Peca por seus sucessores (2Rs 15.8-30).[204] Derek Kidner diz que dos seis homens que reinaram naqueles últimos trinta anos no Reino do Norte, quatro foram homicidas, e apenas um morreu em sua própria cama.[205] O Reino do Norte, que durou de 931 até 722 a.C., ou seja, da morte de Salomão até o cativeiro assírio, teve dezenove reis, e nenhum deles andou com Deus. Todos foram homens ímpios e apóstatas.

Em quinto lugar, *uma apostasia generalizada* (7.7b). "[...] ninguém há entre eles que me invoque". Essa é a terceira vez que Oseias usa a figura do forno (7.4,6,7). E nas três vezes enfatiza a inclinação dos líderes e do povo para a imoralidade e para a violência. Em vez de o povo voltar-se para Deus para invocá-lo, entrega-se com sofreguidão ao pecado.

A apostasia que começara nos templos e passara pelo palácio estava agora em todas as famílias. David Hubbard diz que nenhum dos líderes sacerdotais clamou a Iavé em busca de alguma solução real. Todos os demais recursos foram tentados: invasão militar (5.8-12), intriga internacional (5.13), arrependimento falso (6.1-3) e conspiração assassina (6.7-9; 7.3-7).

Deus, que desde 7.2 não fala diretamente, expressa agora sua dor e sua ira diante desse insulto monumental. A que ponto chegou um povo quando seus líderes religiosos confiam em uma série de homens perversos e incompetentes para proporcionar salvação e depois os matam quando falham? O maior pecado deles é que queriam seguir o próprio caminho sem Iavé.[206]

Um pão que não foi virado (7.8-10)

Oseias descreve o amadurecimento de Israel para o juízo e usa mais uma figura doméstica, comparando agora Efraim a um pão encruado, ou seja, um pão que não foi virado. O que essa figura sugere? Consideremos os versículos 8 a 10.

Em primeiro lugar, *um povo que é influenciado em vez de influenciar* (7.8). "Efraim se mistura com os povos, é um pão que não foi virado." Efraim falhou tanto na sua relação com Deus quanto na sua vocação em relação às nações. Israel foi chamado para adorar a Deus e ser luz para as nações, mas abandonou a Deus e misturou-se com as nações, não para influenciá-las com a verdade, mas para adotar a sua idolatria e se contaminar com os seus pecados.

Em relação aos povos, Efraim ficou como um pão queimado, ao misturar-se com eles; em relação a Deus,

Israel ficou como um pão cru, ao abandoná-lo. Nessa mesma linha de pensamento, David Hubbard diz que o lado de Efraim que ficou virado para as nações estava seriamente queimado, enquanto o outro lado – a intragável e fraca consagração a Iavé – estava cru.[207] A figura incisiva diz respeito a pão assado sobre pedras em brasa. Caso não fosse virado, o pão ficava queimado de um lado e cru do outro, e para nada prestava. Os israelitas apóstatas serviam apenas para serem rejeitados.[208]

A. R. Crabtree tem razão ao afirmar que, ao misturar-se com os povos vizinhos, Israel perdeu a própria identidade.[209] Muitas igrejas hoje são tentadas a imitar o mundo com o propósito de atrair o mundo. Isso é um ledo engano. A igreja é sal e luz. Ela é totalmente distinta do mundo e só assim pode influenciá-lo.

Concordo com Warren Wiersbe quando diz que o nosso relacionamento com o Senhor deve ser completo e não apenas parcial, como um pão assado só de um lado. A obra da graça divina deve permear todo o nosso ser, de modo que nossa mente, coração e forças sejam dedicados a ele. A transigência com o mundo leva a uma conduta desequilibrada e a um caráter imaturo.[210]

Charles Feinberg diz que é fácil a todos nós tornarmo-nos como pão que não foi virado. Podemos ter muita doutrina e poucos atos, muito credo e pouca conduta, muita crença e pouco comportamento, muitos princípios e pouca prática, muita ortodoxia e pouca ortopraxia.[211]

Em segundo lugar, *um povo ignorante que trabalha, mas não desfruta os frutos do seu labor* (7.9a). "Estrangeiros lhe comem a força, e ele não o sabe..." Porque Israel abandonou a Deus, correu para as nações vizinhas. Em vez de encontrar abrigo, encontrou jugo pesado. Israel precisou pagar tributos à Síria, ao Egito e à Assíria. Eles trabalharam para os estrangeiros. Eles viviam esmagados sob pesados tributos. Gemiam sob o peso avassalador de impostos abusivos. Essa opressão econômica foi o resultado da sua apostasia espiritual.

Em terceiro lugar, *um povo que envelhece, mas não amadurece* (7.9b). "[...] também as cãs já se espalham sobre ele, e ele não o sabe". Oseias retrata Israel como um homem cujos cabelos estão ficando grisalhos sem que ele o saiba. Ao misturar-se com as nações e ignorar o Senhor, em seu interior Israel estava perdendo as forças, como alguém que envelhece e enfraquece, mas que, em seu orgulho, recusa-se a admiti-lo.[212]

Israel já estava coberto de cãs, mas ainda não havia amadurecido. Ele já estava perdendo suas forças, mas não tinha consciência da sua fraqueza. Como Sansão, Israel pensou que Deus ainda estava com ele, mas nem sabia que o Espírito já havia se retirado. A ignorância deliberada tornou Israel como um avestruz que enfia a cabeça na areia diante da iminência de perigo, julgando que, com isso, o perigo deixa de existir.

Em quarto lugar, *um povo que se volta, mas para a direção errada* (7.10). "A soberba de Israel abertamente o acusa; todavia não voltam para o Senhor seu Deus, nem o buscam em tudo isto." O pecado de Israel o levou à soberba, e a soberba é a sala de espera do fracasso. A soberba precede a ruína. A soberba é o corredor da queda. Mesmo no aperto, Israel preferiu buscar o falso refúgio das alianças políticas a voltar-se para o Senhor, seu Deus (7.7,9,10,13,14,15). Mesmo diante das nuvens escuras se formando no horizonte, anunciando a iminente chegada do cativeiro, Israel preferiu alimentar-se da soberba a se humilhar sob a mão divina.

Uma pomba enganada (7.11-15)

Oseias deixa a figura culinária para a da ornitologia e da caça. Deixa a figura doméstica para usar uma figura campestre. Depois de comparar Israel a um forno aceso e a um pão encruado, agora o compara a uma pomba enganada. A pomba é uma ave inocente e volúvel. Ela não tem noção de perigo. Para entendermos essa figura, destacamos aqui cinco fatos acerca de Israel.

Em primeiro lugar, *um povo que corre para o refúgio errado em vez de buscar a Deus* (7.11). "Porque Efraim é como uma pomba enganada, sem entendimento: chamam o Egito, e vão para a Assíria." Não há nada mais simples do que uma pomba. Uma pomba enganada dá ouvidos a tudo, voando sem rumo de um lado para o outro. Oscar Reed diz que, ao voejar como uma pomba perdida, Efraim titubeia com seus pedidos de ajuda entre o Egito e a Assíria. Porém, durante todo o tempo, Israel não percebe que caiu no poder da Assíria pela rede de Iavé.[213]

Em vez de voltar-se para o seu Deus, Israel — entre o Egito, ao sul, e a Assíria, ao norte — corria ora para um, ora para o outro em busca de ajuda. O que encontrou foi mais opressão. Essas duas nações não podiam livrar Israel das mãos de Deus; ao contrário, elas eram a vara da ira de Deus para disciplinar o seu povo.

A dubiedade diplomática de Israel o levou a não cumprir suas alianças políticas nem sua aliança com Deus. Israel mudava de aliado sempre que os ventos da política mudavam de direção.[214] A infidelidade de Israel, especialmente com Deus, derrubou a nação.

O pecado deixa o homem estúpido, ingênuo e descuidado. O pecado engana. David Hubbard diz que o fato de *chamarem* pelo Egito contrasta com sua incapacidade de clamar por Deus (7.7), enquanto sua viagem (*vão*) para a Assíria os impede de voltar para o Senhor (7.10).[215]

Em segundo lugar, *um povo que recebe castigo em vez de bênção* (7.12). "Quando forem, sobre eles estenderei a minha rede, e como aves do céu os farei descer; castigá-los-ei, segundo o que eles têm ouvido na sua congregação." Israel fugia de Deus e corria para o Egito e para a Assíria, mas nessa corrida desenfreada Deus estendeu a sua rede e apanhou Israel como se apanha uma ave do céu. Israel foi capturado pelo seu Deus, de quem fugia. Israel foi castigado pelo Deus a quem abandonou.

A. R. Crabtree diz que Deus traria a Israel o destino que, na sua infidelidade, ele procurava evitar.[216] Israel recebeu o juízo que ouviu tantas vezes em suas congregações, pela quebra da aliança. Deus está alertando a nação, dizendo que, se Efraim for a pomba enganada, ele será o caçador astucioso. Se Efraim fizer um tratado com as nações, ele o castigará de acordo com o relatório de seus tratados.[217]

Em terceiro lugar, *um povo que recebe destruição em vez de redenção* (7.13). "Ai deles! porque fugiram de mim; destruição sobre eles, porque se rebelaram contra mim; eu os remiria, mas eles falam mentiras contra mim." O processo contra Efraim e Judá foi elaborado, com denúncias e mais denúncias e acusações sobre acusações, até que as provas se tornaram esmagadoras.

As perversas escaramuças entre o norte e o sul (5.8-12), a tola abertura para a Assíria (5.13), o inútil estratagema de arrependimento (6.1-3), as tramas sacerdotais de violência (6.7-10; 7.3-7), a estúpida ambivalência política de Efraim (7.8-12) – tudo isso deixou Iavé sem opção, senão a de anunciar a vinda do seu juízo, mas ele o fez com grande dor e nenhum prazer.[218]

Israel foge de Deus rumo à destruição. Um ai de pesar é ouvido por causa desse abandono. A consequência inevitável dessa fuga de Deus e dessa rebelião contra Deus é a destruição. Deus está ocupado no propósito de redimir o seu povo, mas o povo está ocupado em falar mentiras contra Deus.

Em quarto lugar, *um povo que corre atrás de coisas, mas não anseia por Deus* (7.14). "Não clamam a mim de coração, mas dão uivos nas suas camas; para o trigo e para o vinho se ajuntam, mas contra mim se rebelam." Os uivos de Israel não revelam arrependimento e fé. Suas orações são apenas pelas coisas que perecem.

O sofrimento, porém, em vez de amolecer seus corações como cera, os endureceu como barro. Eles choravam pelas consequências de seus pecados, mas não pelos seus pecados. Eles tinham pressa para se reunir para comer e beber, mas não para buscar o Senhor. Hoje, muitas pessoas têm horário em suas agendas para um churrasco, mas nunca para uma vigília de oração. Gostam de encontros de confraternização, mas não de encontros reais e pungentes na presença de Deus.

O povo de Israel queria pão e circo; fartura e diversão; trigo e vinho. Para essas coisas eles se ajuntavam. Eles queriam as bênçãos de Deus, mas não o abençoador. Queriam a provisão, mas não o provedor. Queriam coisas, e não Deus. Eles mesmos eram o eixo de tudo, e não Deus. A antropolatria havia tomado a centralidade de Deus na vida da nação eleita.

Em quinto lugar, *um povo que responde ao cuidado divino com ingratidão, e não com obediência* (7.15). "Adestrei e fortaleci os seus braços, no entanto maquinam contra mim." Deus amou Israel e o chamou de entre as nações.

Como uma menina suja e desamparada, Deus limpou Israel, adornou-a e a desposou. Como um Pai, Deus adestrou, ensinou e fortaleceu Israel, mas em vez de demonstrar gratidão diante de tão acendrado amor e tão generoso cuidado, Israel maquinou contra Deus para trocá-lo por outros deuses.

Um arco enganoso (7.16)

Depois de usar duas figuras domésticas e uma da vida campestre, Oseias conclui com uma figura de guerra. Essa é a mais forte das figuras, porque o arco era uma arma de guerra. A situação agora era uma questão de vida ou morte. Um arco enganoso não podia atingir o povo. Um arco enganoso não podia ser arma de ataque nem de defesa. Um guerreiro com um arco enganoso estaria completamente vulnerável, à mercê de seus inimigos. Destacamos aqui dois fatos acerca de Israel:

Em primeiro lugar, *porque o povo não se voltou para Deus, tornou-se vulnerável nas mãos de seus inimigos* (7.16a). "Eles voltam, mas não para o Altíssimo. Fizeram-se como um arco enganoso..." Israel tinha um coração rebelde, uma dura cerviz. Deus usou vários recursos da sua providência para levar o seu povo à conversão (Am 4.6-12). Israel voltou-se, mas não para o Altíssimo. Porque se recusou a voltar-se para Deus, Deus tornou Israel vulnerável nas mãos dos seus inimigos, como um arco defeituoso. Na verdade, não foi a Assíria que dominou Israel, foi Deus quem entregou Israel à Assíria. Não foi a Babilônia que dominou Jerusalém, foi Deus quem entregou Jerusalém nas mãos da Babilônia.

Em segundo lugar, *porque os príncipes não se arrependeram de seus pecados, foram mortos em seus pecados* (7.16b). "[...] caem à espada os seus príncipes, por causa da insolência da sua língua; este será o seu escárnio na terra do Egito". Deus converteu as festas dos palácios regadas a vinho em lamentação. As músicas foram transformadas em gemidos. A presunção em humilhação. A riqueza em pobreza. A liberdade em escravidão. A vida palaciana, cercada de fausto e luxo, tornou-se um inferno existencial, cheia de intrigas, conspirações e mortes. Os reis de Israel caíram à espada. O seu fim foi absolutamente trágico. Nada mais poderia evitar o destino trágico do povo apóstata. A sua destruição seria certa e inevitável.[219]

Por causa da queda dos príncipes, os israelitas foram escarnecidos na terra do Egito. Foram ridicularizados porque se vangloriaram de serem fortes, mas caíram diante da Assíria. A presunção de Israel desembocou na sua humilhação!

NOTAS DO CAPÍTULO 8

[193] HUBBARD, David A. *Oseias: Introdução e comentário*. 2006: p. 142.
[194] KIDNER, Derek. *A mensagem de Oseias*. 1988: p. 62.
[195] CRABTREE, A. R. *O livro de Oseias*. 1961: p. 115.

196 FEINBERG, Charles L. *Os profetas menores*. 1988: p. 35.
197 FEINBERG, Charles L. *Os profetas menores*. 1988: p. 35.
198 HUBBARD, David A. *Oseias: Introdução e comentário*. 2006: p. 143.
199 HUBBARD, David A. *Oseias: Introdução e comentário*. 2006: p. 145.
200 HUBBARD, David A. *Oseias: Introdução e comentário*. 2006: p. 145.
201 WIERSBE, Warren W. *Comentário bíblico expositivo*. Vol. 4. 2006: p. 400.
202 HUBBARD, David A. *Oseias: Introdução e comentário*. 2006: p. 146.
203 REED, Oscar. *O livro de Oseias*. In *Comentário bíblico Beacon*. Vol. 5. 2005: p. 47.
204 FEINBERG, Charles L. *Os profetas menores*. 1988: p. 36.
205 KIDNER, Derek. *A mensagem de Oseias*. 1988: p. 63.
206 HUBBARD, David A. *Oseias: Introdução e comentário*. 2006: p. 147.
207 HUBBARD, David A. *Oseias: Introdução e comentário*. 2006: p. 148.
208 REED, Oscar. *O livro de Oseias*. In *Comentário bíblico Beacon*. Vol. 5. 2005: p. 47.
209 CRABTREE, A. R. *O livro de Oseias*. 1961: p. 121.
210 WIERSBE, Warren W. *Comentário bíblico expositivo*. Vol. 4. 2006: p. 400.
211 FEINBERG, Charles L. *Os profetas menores*. 1988: p. 37.
212 WIERSBE, Warren W. *Comentário bíblico expositivo*. Vol. 4. 2006: p. 400.
213 REED, Oscar. *O livro de Oseias*. In *Comentário bíblico Beacon*. Vol. 5. 2005: p. 48.
214 KIDNER, Derek. *A mensagem de Oseias*. 1988: p. 65.
215 HUBBARD, David A. *Oseias: Introdução e comentário*. 2006: p. 150.
216 CRABTREE, A. R. *O livro de Oseias*. 1961: p. 123.
217 HUBBARD, David A. *Oseias: Introdução e comentário*. 2006: p. 150.
218 HUBBARD, David A. *Oseias: Introdução e comentário*. 2006: p. 151.
219 CRABTREE, A. R. *O livro de Oseias*. 1961: p. 127.

Capítulo 9

A trombeta do juízo começa a tocar
Oseias 8.1-14

Derek Kidner, eminente expositor bíblico, diz corretamente que se existe um tema que unifica a diversidade desse capítulo é o da perigosa autoconfiança de Israel, com seus reis autonomeados, seu bezerro feito pelos homens, seus custosos aliados, sua própria versão da religião e suas impressionantes fortalezas. Esse povo nem sequer se deu ao trabalho de perguntar o que Deus pensava disso tudo e a que tipo de teste sobreviveria.[220]

A nação madura para o juízo agora já ouve o som da trombeta do juízo. É Deus quem ordena tocar essa trombeta. As trombetas eram tocadas para alertar sobre os perigos de uma guerra, sobre a iminência do ataque de um inimigo (Nm 10.9). A trombeta era um sinal de alerta. No entanto, a situação agora é diferente. Deus mesmo está trazendo a Assíria contra seu povo, e ela vem com a velocidade e com a ferocidade de uma águia. O ataque é iminente, inescapável e devastador. Trata-se do ataque de um exército invasor.[221]

Warren Wiersbe diz que a Assíria, como uma águia, estava prestes a fazer um voo rasante e a destruir a casa do Senhor, pois a nação havia se entregado à idolatria, e os líderes não buscavam a vontade de Deus para as suas decisões. Proclamaram e depuseram reis para satisfazer os próprios desejos e criaram deuses em vez de adorar o Deus vivo e verdadeiro.[222]

O inimigo já estava às portas. A nação já estava madura para o juízo. A idolatria do povo tornara-o incorrigível. Seu coração estava insensível, e seus ouvidos, incircuncisos. Porém, quais as razões que levaram Israel a estar debaixo desse juízo?

A quebra da aliança com Deus (8.1)

Deus fez uma aliança com Israel. O profeta Oseias registra: "Emboca a trombeta. Ele vem como a águia contra a casa do Senhor, porque transgrediram a minha aliança, e se rebelaram contra a minha lei" (8.1). Destacamos aqui dois pontos:

Em primeiro lugar, *Israel transgrediu a aliança* (8.1a). "[...] porque transgrediram a minha aliança..." A aliança de Deus com Israel distinguiu esse povo das demais nações. Deus escolheu, libertou, protegeu, abençoou e comissionou Israel para ser luz para as nações. De todas as nações da terra, Deus escolheu Israel não por ser a melhor nem a maior, mas porque Deus, na sua graça, resolveu amá-la incondicionalmente e firmar com ela uma aliança.

No entanto, Israel desprezou a Deus e quebrou a sua aliança. Israel abandonou a fidelidade a Deus e se enamorou por outros deuses. Deixou de adorar a Deus para se prostrar diante de ídolos pagãos. Tornou-se como uma mulher adúltera e avançou de forma tão açodada no pecado que se tornou como uma prostituta. Oscar Reed diz que Israel quebrou o contrato original, o acordo nupcial. Declararam que não eram mais do Senhor.[223]

Em segundo lugar, *Israel rebelou-se contra a lei* (8.1b). "[...] e se rebelaram contra a minha lei". A lei de Deus foi dada a Israel para proteger o povo, e não para escravizá-lo. A lei foi dada para conduzir o povo pelas veredas da santidade. Porém, Israel abandonou a Deus e se rebelou contra a lei, transgredindo-a desabridamente. Eles taparam os ouvidos aos profetas de Deus e fecharam os olhos aos ditames da lei. O povo rebelde seguiu a própria vontade e rechaçou a boa, perfeita e agradável vontade de Deus.

A incoerência espiritual (8.2,3)

Além de transgredir a aliança e se rebelar contra a lei, Israel fazia de conta que estava tudo bem. Tomado por uma espécie de torpor espiritual, mesmo mergulhado na idolatria, pensava que estava invocando o Senhor, e não os ídolos. Mesmo imerso nessa apostasia, dizia conhecer o Senhor. Destacamos aqui três pontos:

Em primeiro lugar, *uma confissão mentirosa* (8.2). "A mim me invocam: Nosso Deus! Nós, Israel, te conhecemos." Eles adoravam a Deus com a boca, mas o seu coração estava longe de Deus. Eles tinham palavras bonitas nos lábios, mas engano no coração. Eles falavam uma coisa e faziam outra. Havia um abismo entre o que pregavam e como viviam. A confissão deles era mentirosa, pois sua vida negava o que afirmavam para Deus.

A. R. Crabtree diz que Israel chegou a pensar que Deus, como os deuses dos povos, dava mais importância às cerimônias religiosas do que ao amor e à justiça do seu povo.[224] Caso fiquemos apontando o dedo com muita facilidade contra os orgulhosos israelitas e judeus, o mesmo teste se aplicará a nós: "Aquele que diz: Eu o conheço, e não guarda os seus mandamentos, é mentiroso" (1Jo 2.4).[225] Não basta honrar a Deus com os lábios, precisamos enaltecê-lo com a vida.

Em segundo lugar, *uma prática contraditória* (8.3a). "Israel rejeitou o bem..." Não há maior incoerência do que invocar a Deus e dizer que o conhece e, ao mesmo tempo, rejeitar o bem. A prática do mal não combina com o conhecimento de Deus.

Há dois tipos de ateísmo: o ateísmo teórico e o ateísmo prático. O primeiro fala daqueles que filosoficamente negam a existência de Deus; o segundo fala daqueles que, embora confessem o nome de Deus, o negam por suas obras. Veja o que diz o apóstolo Paulo: "No tocante a Deus professam conhecê-lo, entretanto o negam por suas obras, por isso que são abomináveis, desobedientes e reprovados para toda boa obra" (Tt 1.16). Os israelitas eram como os ateus práticos. Tinham palavras, mas não vida.

Em terceiro lugar, *uma consequência inevitável* (8.3b). "[...] o inimigo o perseguirá". A mentira tem pernas curtas. A verdade não fica escondida para sempre. A incoerência espiritual de Israel se manifestaria, e o destino do povo seria tornar-se presa indefesa ao ataque rápido e inescapável de um predador implacável. A Assíria viria com seus exércitos sobre Israel com a velocidade de uma águia, e o povo cairia inevitavelmente em suas mãos. Uma religião nominal, uma profissão de fé mentirosa jamais poderia nos livrar do inimigo na hora do aperto.

A secularização da política (8.4a)

Acompanhemos as palavras do profeta Oseias: "Eles estabeleceram reis, mas não da minha parte; constituíram príncipes, mas eu não o soube..." (8.4a). No começo, Israel era uma teocracia, e não uma democracia. Houve um dia, porém, em que Israel quis imitar as nações vizinhas e pediu para si um rei. Eles rejeitaram o Senhor e desejaram estar debaixo de um governo humano, em vez de estar sob o governo de Deus. O Senhor alertou o povo sobre as consequências perigosas dessa escolha.

A monarquia começa com Saul, passando por Davi e chegando a Salomão. Foram 120 anos de reinado unificado em Israel. Com a morte do rei Salomão, o povo reivindica de Roboão, o herdeiro do trono, uma carga tributária menos pesada. O luxo do palácio estava sendo pago pelo povo. Diante da imperícia administrativa do neófito rei, dez tribos seguiram a liderança cismática de Jeroboão I e romperam com a dinastia davídica, formando o Reino do Norte, chamado também de Israel ou Efraim.

O Reino do Norte, formado em 931 a.C., durou 209 anos, ou seja, de 931 a 722 a.C., quando foi levado para o cativeiro assírio. Nesses mais de dois séculos, o Reino do Norte teve dezenove reis em nove dinastias diferentes. Nenhum desses reis andou com Deus. Todos eles se desviaram de Deus, fizeram o que era mau perante o Senhor.

O palácio de Samaria tornou-se um centro nevrálgico de intrigas, traições e assassinatos. Sobretudo depois da morte do grande líder Jeroboão II, quatro reis foram assassinados pelos seus sucessores em menos de trinta anos. A sucessão rápida de usurpadores nos últimos anos foi o mergulho final de uma carreira desastrosa. A eleição carismática dos reis dera lugar a planos secretos e políticos de suborno.[226]

A. R. Crabtree diz que a política de intrigas preparou o caminho para as lutas, a corrupção, a decadência da fé e finalmente a destruição nacional. Como os homens constituíram os seus reis, também fabricaram os seus deuses, na ambição e no esforço de governar todas as forças no céu e na terra para os próprios interesses. O profeta ajunta estes dois fatos da história religiosa de Israel: os reis estabelecidos por homens e os ídolos fabricados por homens. Israel, com os seus reis e ídolos, será destruído.[227]

É importante entender que a política não está fora do governo soberano de Deus. Escolher reis e príncipes sem consultar o Senhor é um passo largo rumo ao desastre. Quando o ímpio governa, o povo geme. O clássico comentário sobre "não da minha parte" e "eu não o soube" encontra o seu clímax espiritual no grito da multidão: "Não este, mas Barrabás!" (Jo 18.40). Esse grito ecoa de novo sempre que a voz do povo (nossa arrogante democracia) sufoca a voz de Deus; quando escolhemos líderes e regimes que satisfaçam apenas a nós mesmos; quando consideramos até mesmo a lei moral passível de votação ou sujeita à opinião pública.[228]

A religião a serviço do Estado (8.4b-6)

Israel tinha não apenas reis ilícitos, mas também ídolos condenados.[229] Jeroboão I, ao iniciar seu governo no Reino do Norte, tomou uma decisão que definiu os rumos da religião de Israel. Com medo de que os peregrinos setentrionais fossem para o templo de Jerusalém adorar a Deus e o abandonassem, voltando à dinastia davídica, construiu novos templos em Dã e Betel e colocou neles dois bezerros de ouro, dizendo para o povo que aqueles eram, agora, os seus deuses e que não precisariam mais subir a Jerusalém.

Esses locais, Dã e Betel, seriam atrações rivais do templo de Jerusalém (1Rs 12.27-30). O rei substituiu o culto verdadeiro pelo culto falso; o culto espiritual pela idolatria. A religião de Israel não tinha mais como propósito agradar a Deus, mas servir aos interesses da coroa real. A religião estava a serviço do rei, e não a serviço do Rei dos reis. A apostasia galopante tomou conta dessa religião humanista. O resultado é que todos os reis que sucederam Jeroboão I seguiram o seu caminho, e o povo fluiu aos borbotões a esses templos pagãos, adorando a criatura em lugar do criador, mudando a glória do Deus incorruptível em semelhança da imagem de quadrúpedes.

James Wolfendale fala sobre três aspectos dessa idolatria repugnante de Israel: sua origem, seus efeitos e seu destino.[230] Vamos considerá-los aqui:

Em primeiro lugar, *a idolatria e sua origem* (8.4b; 8.6a). "[...] da sua prata e do seu ouro fizeram ídolos para si [...] Porque vem de Israel, é obra de artífice, não é Deus..." (8.4b; 8.6a). Os ídolos não são deuses. Eles não podem criar, eles são criados. Eles não podem fazer, eles são feitos. Eles não podem carregar, eles são carregados. Eles não são superiores aos homens, eles são feitos pelos homens.

A idolatria é filha da rebelião. O apóstolo Paulo diz que os homens "Inculcando-se por sábios, tornaram-se loucos, e mudaram a glória do Deus incorruptível em semelhança da imagem de homem corruptível, bem como de aves, quadrúpedes e répteis" (Rm 1.22,23).

Israel tornou-se um povo incoerente, a ponto de abandonar o seu Deus para fabricar, de seu ouro e de sua prata, ídolos para si. Os bezerros de ouro adorados em Dã e Betel foram feitos por eles mesmos. Eles fizeram os próprios deuses. Isso é uma consumada loucura! Concordo com David Hubbard quando escreve: "Será que pode existir algo mais insensato do que adorar aquilo que é inferior a nós, algo que não é deus; nossa criação, não o nosso Criador?"[231]

Em segundo lugar, *a idolatria e seus efeitos* (8.5). "O teu bezerro, ó Samaria, é rejeitado; a minha ira se acende contra eles; até quando serão eles incapazes da inocência?" Samaria rejeitou ao Senhor para adotar um culto idolátrico. Agora, Deus rejeita a idolatria e os idólatras. Deus nunca rejeita ninguém até que ele mesmo seja rejeitado primeiro. A idolatria tem três efeitos inevitáveis:

Primeiro, a idolatria desonra a natureza humana. Aquele que se prostra diante de Deus para adorá-lo torna-se imitador de Deus; aquele, porém, que se curva diante dos ídolos mudos, surdos e impotentes faz-se semelhante a eles (Sl 115.4-8). Quanto mais o homem se envolve com a idolatria, tanto mais ele se degrada. A idolatria de Israel desembocou em devassidão. Não foi diferente nos dias de Paulo (Rm 1.22-28). Os bezerros de ouro de Samaria eram símbolos das divindades pagãs de fertilidade. Esses cultos idolátricos induziram o povo de Israel a toda sorte de imoralidade. A impiedade leva à idolatria, e esta desemboca na devassidão.

Segundo, a idolatria desagrada a Deus. A ira de Deus se acende contra o povo de Israel por causa do bezerro de ouro. "[...] a minha ira se acende contra eles..." (8.5). A idolatria é uma ofensa à natureza de Deus e uma conspiração contra o culto divino. Deus é Espírito, e importa que os seus adoradores o adorem em espírito e em verdade (Jo 4.24). A idolatria é uma quebra do primeiro e do segundo mandamentos da lei divina (Êx 20.1-6).

Terceiro, a idolatria é um impedimento à santidade. "[...] até quando serão eles incapazes da inocência?" (8.5). Considerando que a idolatria era prostituição, a inocência era pureza. Mas como Deus é a fonte de toda a santidade, é impossível ser santo na prática da idolatria. Quando Deus é abandonado e sua vontade é rejeitada, o homem descamba para toda sorte de degradação religiosa e moral. O conhecimento de Deus é essencial para a santidade. A idolatria de Israel endureceu de tal maneira seu coração que ele foi incapaz de voltar-se para o Senhor.

Em terceiro lugar, *a idolatria e seu destino* (8.4b; 8.6b). "[...] da sua prata e do seu ouro fizeram ídolos para si, para serem destruídos. [...] mas em pedaços será desfeito o bezerro de Samaria". A idolatria é a mais consumada tolice. Homens impotentes fazem ídolos impotentes, e esses ídolos não podem proteger seus adoradores nem a si mesmos da destruição. O profeta Isaías chega a dizer que no dia do cerco do inimigo, esses ídolos serão para o povo uma carga pesada em vez de alívio (Is 46.1-7). Os ídolos serão destruídos, e o bezerro de Samaria, feito em pedaços.

A retribuição inevitável (8.7-10)

O homem pode escolher suas ações, mas não pode escolher as consequências delas. Há uma lei infalível e inevitável de causa e efeito no universo moral de Deus. O que o homem planta, isso ele colhe. O conceito de semear e de colher é usado com frequência nas Escrituras com relação à conduta (Jó 4.8; Sl 126.6; Pv 22.8; Jr 12.13; 2Co 9.6; Gl 6.7,8). É importante enfatizar algumas coisas aqui:

Em primeiro lugar, *a colheita é da mesma natureza da semeadura* (8.7a). "Porque semeiam ventos, e segarão tormentas..." A mesma semente plantada será colhida na ceifa. Jesus é perturbador em sua pergunta: "Colhem-se, porventura, uvas dos espinheiros ou figos dos abrolhos?" (Mt 7.16). E enfático em sua afirmação: "Não pode a árvore boa produzir frutos maus, nem a árvore má produzir frutos bons" (Mt 7.18).

Quem semeia verdade colhe virtude; mas quem semeia mentira colhe engano. Quem semeia amor colhe afeto; mas quem semeia violência colhe guerra. Quem semeia respeito colhe confiança; mas quem semeia infidelidade colhe traição. Oseias sintetiza esse princípio dizendo: quem semeia ventos segará tormentas. O apóstolo Paulo é categórico em nos afirmar: "Não vos enganeis: de Deus não se zomba; pois aquilo que o homem semear, isso também ceifará. Porque o que semeia para a sua própria carne da carne, colherá corrupção; mas o que semeia para o Espírito do Espírito, colherá vida eterna" (Gl 6.7,8).

Em segundo lugar, *a colheita é sempre mais abundante que a semeadura* (8.7a). Porque Israel semeou ventos, colherá não apenas ventos, mas tempestades. A semente tem o poder de se multiplicar. Nossas palavras e ações são sementes boas ou ruins, e essa semeadura terá uma colheita farta para o bem ou para o mal.

Charles Feinberg diz que Israel não podia ab-rogar a lei da multiplicação: embora semeiem apenas o vento, ele produzirá a abundante colheita de tempestade que os varrerá da sua terra.[232]

Em terceiro lugar, *a colheita é tão certa como a semeadura* (8.7a). É impossível semear sem colher. É uma questão de causa e efeito. Semear ventos e não colher tempestades é uma ilusão. Semear pecado e não colher a morte é um ledo engano. Semear na carne sem colher corrupção é impossível. Quais foram os resultados da semeadura de Israel? Quais foram as justas retribuições de suas obras?

Primeiro, a pobreza (8.7b). "[...] não haverá seara; a erva não dará farinha..." Israel adorou bezerros de ouro em vez de adorar a Deus. Esses bezerros eram símbolos de Baal, o deus cananita da fertilidade. Porém, abundantes colheitas não foram o resultado dessa semeadura, mas abundante miséria, muita pobreza e fome avassaladora. A seca severa impediu as lavouras de produzir com fartura, e a frustração foi maior do que a expectativa. Warren Wiersbe diz que não havia grãos para Israel se alimentar, mas ele próprio seria "devorado" pelos assírios.[233]

Segundo, a exploração (8.7c). "[...] e se a der, comê--la-ão os estrangeiros". O pouco que a terra produziu, os estrangeiros levaram, e o povo ficou de dentes limpos (Am 4.6). Por ter abandonado a Deus para fazer alianças políticas com os grandes impérios à sua volta, Israel tornou--se vassalo de potências estrangeiras, pagando-lhes pesados tributos. O povo trabalhava, mas o fruto do seu trabalho era para engordar os cofres estrangeiros.

Terceiro, o cativeiro (8.8-10).

> Israel foi devorado; agora está entre as nações como coisa de que ninguém se agrada, porque subiram à Assíria; o jumento montês anda solitário, mas Efraim mercou amores. Todavia, ainda que eles merquem socorros entre as nações, eu os congregarei; já começaram a ser diminuídos por causa da opressão do rei e dos príncipes.

O resultado final da maldita semeadura feita por Israel foi seu amargo cativeiro. Não somente o trigo, mas a nação de Israel seria devorada pelos estrangeiros. David Hubbard escreve: "Israel não é apenas o lavrador tolo, infrutífero, mas também a colheita que os gentios, as nações de fora da aliança, especialmente a Assíria e o Egito, engolem com avidez".[234]

Aquela nação que deveria ser bênção para o mundo tornou-se motivo de opróbrio entre os povos. Aquele povo que deveria ser vaso de honra nas mãos do Senhor tornou-se um objeto sem valor algum, como um vaso quebrado e imprestável diante dos olhos das nações. O pecado de Israel o depreciou a tal ponto que ele perdeu completamente o valor na comunidade internacional. Ninguém o temia, ninguém o procurava, ninguém o queria.[235]

Charles Feinberg diz que as forças desintegradoras haviam trabalhado e corrompido de tal maneira que até para as nações Israel era inútil, e menos ainda era um deleite para o coração de Deus. Nada nos desmoraliza tanto e nos torna mais inúteis do que resistirmos à vontade revelada de Deus.[236]

Aquele povo chamado para ser luz entre as nações é arrastado para o cativeiro para viver como escravo entre os pagãos, mergulhado em densas trevas. Aquele povo cujo chamado era para instruir os povos agora não passa de um asno tolo e solitário. Jumentos monteses gostavam de andar em manadas. Mas Israel é o jumento solitário no caminho do desastre. Israel pagou caro pela aliança com a Assíria, enfraquecendo-se a si mesmo perante a nação cruel que planejava devorá-lo.

A. R. Crabtree diz com acerto: "É difícil para as nações e para as pessoas aprenderem que não se pode comprar amizades ou o amor com dinheiro".[237] Israel havia abandonado o Senhor e fora abandonado por seus aliados, de modo que estava entregue à própria sorte para enfrentar um futuro terrível. Aquele povo que deveria confiar no seu Deus e ser testemunha viva do poder de Deus entre as nações estava se prostituindo, pagando seus amantes para protegê-lo. Israel deu presentes de amor em troca de favores. Aquele povo que fora testemunha dos poderosos livramentos de Deus na história agora corre atrás de alianças espúrias para ser protegido das tempestades, mas Deus mesmo os congrega e os envia para o cativeiro pelas próprias mãos daqueles em quem confiaram.

O culto antropocêntrico (8.11-13)

Israel abandonou a Deus, mas não a religião. Quanto mais os israelitas se afastavam de Deus, tanto mais religiosos se tornavam. A religião deles, porém, estava centrada no homem, e não em Deus; era antropocêntrica, e não teocêntrica. Eles cultuavam a si mesmos, e não a Deus. O resultado foi uma profunda frustração. Tudo o que Israel fez transformou-se em nada: os campos foram semeados com imprudência; as colheitas foram improdutivas; o que cresceu foi devorado por estranhos.

Israel lutou para dar à Assíria o pagamento de uma prostituta, só para ser destruído por ela. Nos versículos 11 a 14, prossegue a frustração: a multiplicação de altares leva à multiplicação de pecados; o ritual abundante resulta em desprazer divino, e a febre de construção só armazena combustível para o fogo.[238]

Três fatos devem ser aqui destacados acerca do culto antropocêntrico de Israel:

Em primeiro lugar, *o culto se torna antropocêntrico quando a religiosidade não lida de forma séria com o pecado* (8.11). "Porquanto Efraim multiplicou altares para pecar, estes lhe foram para pecar." A religião de Israel resolveu inovar. Eles queriam fazer as coisas de forma diferente. O rei Jeroboão I resolveu fazer teologia e escrever novos conceitos acerca do templo, do altar, do culto, das ofertas, do sacerdócio. Substituíram as prescrições divinas pelos preceitos humanos. Substituíram o Deus vivo por bezerros de ouro. Trocaram a verdade pela mentira, o culto espiritual pela idolatria, a santidade pela imoralidade, a piedade pela religiosidade. Efraim multiplicava altares, mas para pecar ainda mais. Quanto mais crescia a religiosidade do povo, mais este se afastava de Deus.

Em segundo lugar, *o culto se torna antropocêntrico quando os adoradores tapam os ouvidos à verdade de Deus* (8.12). "Embora eu lhe escreva a minha lei em dez mil preceitos, estes seriam tidos como coisa estranha." Israel se afastou de Deus não por ignorância, mas por rebeldia. Estava cego não por falta de luz, mas por ter amado mais as trevas do que a luz. O mesmo Deus que escolheu Israel deu-lhe sua lei, enviou-lhe seus profetas e ofereceu-lhe seus preceitos, mas Israel considerou a palavra de Deus como coisa estranha. Em vez de abraçar a verdade de Deus para viver em santidade, correu atrás dos deuses pagãos e chafurdou-se na imoralidade.

Em terceiro lugar, *o culto se torna antropocêntrico quando as coisas são feitas para agradar ao homem, e não a Deus* (8.13). "Amam o sacrifício, por isso sacrificam, pois gostam de carne e a comem, mas o SENHOR não os aceita; agora se lembrará da sua iniquidade, e lhes castigará o pecado: eles voltarão para o Egito."

O culto dos israelitas não era para agradar a Deus, mas a si mesmos. A liturgia deles era para satisfazer o homem, e não para glorificar a Deus. Eles amavam o sacrifício, e não a Deus. Eles amavam o sacrifício porque aproveitavam para comer um gostoso churrasco com o que sobrava dessa carne sacrificada. O culto deles estava voltado para o prazer, e não para a adoração. O culto deles era focado no gosto do homem, e não na honra de Deus. Era um culto antropolátrico, e não teocêntrico.

Ainda hoje está na moda esse estilo de culto. Vivemos o apogeu do pragmatismo. No pragmatismo as pessoas não estão interessadas na verdade, mas no que funciona. Não perguntam sobre o que é certo, mas sobre o que dá certo. Não buscam a verdade, mas resultados.

Deus é enfático em dizer que não aceita esse culto, por mais fervoroso, por mais pomposo e por mais frequentado que seja. Se o povo não lembra da lei de Deus, Deus lembrará de seus pecados. Se o povo é complacente com os seus pecados, Deus é justo para puni-lo. Se Deus com mão forte e poderosa os tirou do Egito, o remanescente que não for levado para a Assíria retornará ao Egito.

O falso refúgio (8.14)

O profeta Oseias conclui esse capítulo dizendo que Israel esqueceu-se do seu Criador. O resultado é que tentou substituir Deus por uma segurança puramente humana. Israel edificou palácios, e Judá multiplicou cidades fortes. Veja o relato de Oseias: "Porque Israel se esqueceu do seu Criador, e edificou palácios, e Judá multiplicou cidades fortes; mas eu enviarei fogo contra as suas cidades, fogo que consumirá os seus palácios" (8.14). Dois fatos devem ser aqui observados:

Em primeiro lugar, *o falso refúgio dos templos sagrados* (8.14a). "Porque Israel se esqueceu do seu Criador, e edificou palácios..." A palavra hebraica usada por Oseias e traduzida por "palácios" também significa "templos".

Israel se esqueceu do seu Criador e edificou templos. Havia um único templo em Israel, mas a apostasia religiosa os levou a construir novos templos, com novos sacerdotes, nova liturgia e novos sacrifícios. Os templos de Israel foram construídos com a motivação errada e com os propósitos errados. Eram templos promotores de superstição, divisão e sectarismo.[239] Israel tolamente pensou que pudesse agradar a Deus com essas inovações, mas Deus disse que enviaria fogo contra esses templos ou palácios.

Em segundo lugar, *o falso refúgio das cidades fortificadas* (8.14b). "[...] e Judá multiplicou cidades fortes..." Judá colocou sua confiança nas suas fortalezas, em vez de colocá-la em Deus. Pensou que suas cidades fortificadas poderiam livrá-lo do cerco e da invasão do inimigo. Tola pretensão. A mesma Assíria que dominou Israel tomou 46 cidades fortes de Judá nos dias do rei Ezequias (2Rs 18.13).

O braço de carne não pode livrar o homem na hora da angústia. As soluções humanas são insuficientes para lhe dar segurança. Nabucodonosor edificou a Babilônia por sua autoconfiança e para o seu orgulho, e ela caiu nas mãos dos medos-persas. Israel edificou templos confiando que seu culto falso poderia livrá-lo do desastre, e Deus enviou fogo para devorar esses templos idólatras. Judá edificou cidades fortes pensando que os inimigos jamais poderiam prevalecer contra eles, mas essas cidades foram tomadas, e o povo foi levado para o cativeiro. Se Deus não é o nosso refúgio, então estamos de fato desamparados!

Outro dado digno de observação é que essas cidades fortes e esses palácios foram construídos com dinheiro ilícito. Os nobres e príncipes extorquiam os pobres, com a omissão dos sacerdotes e a participação criminosa dos juízes. Esses palácios e cidades fortificadas eram construídos com sangue (Hc 2.12). Por isso, Deus mesmo é o protagonista dessa destruição. O instrumento da destruição de Israel é a Assíria, e o instrumento da destruição de Judá é a Babilônia, mas o agente de ambas é Deus.

Concluo este capítulo com as palavras de Charles Feinberg: "Quão triste é edificar templos aos ídolos e cidades fortificadas para a dependência da carne e negligenciar a única fonte de ajuda e esperança, que é Deus!"[240]

NOTAS DO CAPÍTULO 9

[220] KIDNER, Derek. *A mensagem de Oseias*. 1988: p. 67.
[221] HUBBARD, David A. *Oseias: Introdução e comentário*. 2006: p. 155.
[222] WIERSBE, Warren W. *Comentário bíblico expositivo*. Vol. 4. 2006: p. 401.
[223] REED, Oscar. *O livro de Oseias*. In *Comentário bíblico Beacon*. Vol. 5. 2005: p. 48.
[224] CRABTREE, A. R. *O livro de Oseias*. 1961: p. 128.
[225] KIDNER, Derek. *A mensagem de Oseias*. 1988: p. 68.
[226] REED, Oscar. *O livro de Oseias*. In *Comentário bíblico Beacon*. Vol. 5. 2005: p. 49.
[227] CRABTREE, A. R. *O livro de Oseias*. 1961: p. 130,131.
[228] KIDNER, Derek. *A mensagem de Oseias*. 1988: p. 69.
[229] HUBBARD, David A. *Oseias: Introdução e comentário*. 2006: p. 157.

[230] WOLFENDALE, James. *The preacher's homiletic commentary.* Vol. 20. 1966: p. 116.
[231] HUBBARD, David A. *Oseias: Introdução e comentário.* 2006: p. 158.
[232] FEINBERG, Charles L. *Os profetas menores.* 1988: p. 41.
[233] WIERSBE, Warren W. *Comentário bíblico expositivo.* Vol. 4. 2006: p. 401.
[234] HUBBARD, David A. *Oseias: Introdução e comentário.* 2006: p. 160.
[235] WIERSBE, Warren W. *Comentário bíblico expositivo.* Vol. 4. 2006: p. 401,402.
[236] FEINBERG, Charles L. *Os profetas menores.* 1988: p. 41.
[237] CRABTREE, A. R. *O livro de Oseias.* 1961: p. 134.
[238] HUBBARD, David A. *Oseias: Introdução e comentário.* 2006: p. 163.
[239] WOLFENDALE, James. *The preacher's homiletic commentary.* Vol. 20. 1996: p. 123.
[240] FEINBERG, Charles L. *Os profetas menores.* 1988: p. 43.

Capítulo 10

O cativeiro é inevitável
Oseias 9.1-17

As NUVENS ESCURAS da tempestade já se formam no horizonte, anunciando a chegada do cativeiro, mas Israel desatentamente celebra suas festas religiosas numa mistura de idolatria com imoralidade, tapando os ouvidos às advertências divinas. A alegria do povo está em oposição com o desgosto de Deus. É nesse contexto que Oseias levanta sua voz para anunciar que o cativeiro é inevitável e que a nação caminha célere para a sua ruína irremediável.

David Hubbard diz que o tom de toda a passagem é de ameaça de juízo mediante um exílio (9.3), que lhes tornará impossíveis as festas religiosas (9.4,5). Na terra pertencente a Iavé

(9.3), as festas deles tornaram-se atividades pagãs (9.1). Agora serão mandados para o meio desses povos pagãos (9.3,6), onde o ato de entoar a canção de Iavé será apenas uma triste lembrança (Sl 137). A ameaça de exílio foi anunciada antes (7.16; 8.13). Aqui, pela primeira vez, ela é ampliada, desvendando suas consequências monumentais para o tão estimado calendário religioso de Israel.[241]

Destacaremos alguns pontos no estudo desse capítulo.

A alegria no pecado implica perdas dolorosas (9.1,2)

A alegria no pecado é consumada loucura. A eira dos cereais e o lagar das uvas eram lugares de festejos, onde o povo se reunia para agradecer a generosidade da providência divina. Porém, Israel tributava a Baal, o padroeiro da prosperidade, as benesses dos cereais e do vinho. Eles recebiam esses presentes de Deus, mas davam o crédito a Baal. A alegria deles nas eiras e nos lagares se tornara festas de orgias, nas quais a idolatria e a imoralidade governavam as suas ações. Oseias destaca fortemente que com a lealdade a Iavé está a adoração feliz de um povo grato, ao passo que com a virada infiel a uma adoração das forças da natureza está um colapso da vida moral.[242]

Derek Kidner diz corretamente que esse povo foi muito irrequieto, flertando com uma nação após a outra; muito negligente, desprezando suas sentinelas, os profetas, como se fossem loucos; muito volúvel, trocando o Senhor por Baal, já desde o tempo de Moisés.[243] Dois pontos devem ser aqui destacados:

Em primeiro lugar, *Israel abandonou o seu Deus* (9.1). "Não te alegres, ó Israel, não exultes, como os povos; porque com prostituir-te abandonaste o teu Deus, amaste a paga de prostituição em todas as eiras de cereais." Os imperativos negativos "não te alegres" e "não exultes", quanto à exultação devido a uma colheita ainda melhor, foram como uma ducha de água fria sobre o desfile comemorativo de Israel. Esses imperativos não somente esfriaram o entusiasmo dos adoradores, mas colocaram também em perigo a salvação deles.[244]

A. R. Crabtree diz que é provável que Oseias tenha apresentado essa admoestação a um grande número do povo reunido para celebrar uma das suas maiores festas orgiásticas, da mesma maneira que faziam os povos. Porém, os povos não tinham abandonado os seus deuses como Israel esquecera do seu Criador.[245]

Israel corrompeu as festas espirituais, distorceu o culto, profanou os ritos sagrados e se prostituiu nas eiras como os povos pagãos, tributando honras a Baal, o deus da fertilidade. Essa prática religiosa revestida de tanta alegria não passava de profunda apostasia. A alegria deles não honrava a Deus, mas era um sinal eloquente de que Israel havia abandonado a Deus. O que faltava no povo de Israel era a essência da verdadeira religião, o amor leal, o único que pode transformar o participante da aliança divina em uma esposa digna de Deus. O Novo Testamento nos surpreende com um pronunciamento semelhante contra o simples mundanismo, chamando-nos, em Tiago 4.4, de "infiéis".[246]

Em segundo lugar, *Deus reteve as suas bênçãos* (9.2). "A eira e o lagar não os manterão; e o vinho novo lhes faltará." Porque Israel abandonou a Deus, tributando a Baal as honras por suas abundantes colheitas, Deus privou Israel do cereal e do vinho. Suas eiras e seus lagares seriam lugares de fome, e não de fartura; de tristeza, e não de alegria.

Derek Kidner diz que o julgamento de Israel seria de todo adequado. Em consequência de seus namoros políticos, teria abundância de amores estrangeiros com seu povo cativo na Assíria e fugitivo no Egito (9.3). Em consequência de seus namoros religiosos, também pagaria o devido preço por ter oferecido seus favores por toda parte: seu povo acabaria não tendo nada apropriado para oferecer a Deus e nenhum lugar para celebrar suas apreciadas festas.[247]

David Hubbard diz que podemos perceber no versículo 2 a ameaça de juízo contra as festas corrompidas. Os símbolos da prosperidade do povo – a eira e o lagar (um tanque em dois níveis, no qual as uvas são espremidas na cavidade superior, e o suco é recolhido na inferior) – já não lhe forneceriam o alimento. O vinho novo (mosto) faltaria, e a nação seria incapaz de regozijar-se.[248]

A prática do pecado implica cruel escravidão (9.3-6)

Jesus diz que aquele que pratica o pecado é escravo do pecado. O pecado dos povos cananitas havia transbordado o cálice da ira de Deus, e por isso Deus expulsou-os da terra e a deu a Israel. Porém, Israel foi contaminado pelos deuses e pelos pecados dos cananitas, e agora Deus está expulsando Israel dessa mesma terra. Destacamos alguns pontos:

Em primeiro lugar, *o desterro é o alto preço do pecado* (9.3). "Na terra do Senhor não permanecerão; mas Efraim tornará ao Egito, e na Assíria comerá coisa imunda." Foi Deus quem deu aquela terra a Israel. A terra continua sendo de Deus, e porque Israel abandonou a Deus, perde sua liberdade e sua soberania nacional. Na sua imundícia, Israel não é mais digno de viver na terra do Senhor. Será levado para a Assíria, onde jamais poderá celebrar as suas festas. Ali também comerá pão imundo.[249] Israel retrocedeu e tornou-se escravo, sendo levado para o cativeiro assírio, onde seus escrúpulos religiosos tiveram de cair por terra, pois ali comeu coisa imunda.

Charles Feinberg destaca que, em contraste com Daniel 1.8, Israel comeu pão imundo em sua própria terra, participando das festas dos ídolos. Agora, por necessidade ou compulsão, teria de comer tal coisa numa terra estranha para sustentar-se. Aquilo que ele havia feito de modo espontâneo e obstinado em transgressão à lei de Deus, seria forçado a fazê-lo de maneira habitual, de forma que o colocava no mesmo nível das nações pagãs vizinhas.[250]

David Hubbard diz que a festa da colheita do outono era para os israelitas um sacramento de vida, um símbolo de suas expectativas de sobrevivência, uma prova do vigor de seu zelo religioso. Quanto mais abundantes as colheitas – o cereal para suprir um ano de pão (9.1), o mosto (9.2) para um ano de estoque de vinho, as azeitonas, cujo óleo servia-lhes de alimento, iluminação, higiene e remédio – mais Israel se convencia da integridade de sua religião. Se Iavé permitisse que a apostasia da nação se fizesse acompanhar de prosperidade material, ela apenas se aprofundaria ainda mais em seus costumes pagãos. Era preciso uma intervenção; o meio escolhido por Iavé foi o exílio. Assim anunciava a mensagem de Oseias.[251]

Derek Kidner diz que a religião dos israelitas invadia todas as esferas da vida, menos a consciência. Era um amuleto contra as dificuldades, um esquema compulsório de festivais, histórias, costumes e tabus que davam forma à vida; e, com os inebriantes adornos cananitas, podia causar a excitação de uma orgia.[252]

Em segundo lugar, *a deturpação do culto desemba na supressão dos ritos sagrados* (9.4a). "Não derramarão libações de vinho ao Senhor, nem os seus sacrifícios lhe serão agradáveis..." No cativeiro, em terra estranha, vassalos da Assíria, os israelitas não poderiam mais conservar seus ritos sagrados. Eles perderam o que corromperam. Porque contaminaram o culto divino com práticas pagãs, agora não podem mais sacrificar ao Senhor. Israel está agora consternado porque precisa ingerir alimento ritualmente proibido (9.3), interromper os sacrifícios (9.4) e cessar suas peregrinações (9.5).

Em terceiro lugar, *a alegria do culto converte-se em choro* (9.4b). "[...] seu pão será como pão de pranteadores, todos os que dele comerem serão imundos..." No cativeiro, Israel comeria pão imundo. No desterro, Israel perderia completamente a alegria. Os rituais festivos da colheita seriam marcados pelo choro e pela profunda tristeza. Porque Israel substituiu a verdadeira alegria espiritual por uma alegria carnal, Deus o priva da alegria verdadeira, e até seu pão é pão de pranteadores.

Em quarto lugar, *a corrupção dos ritos sagrados implica sua total rejeição da parte de Deus* (9.4c,5). "[...] porque o seu pão será exclusivamente para eles, e não entrará na casa do SENHOR. Que fareis vós no dia da solenidade, e no dia da festa do SENHOR?" Oseias diz que Deus não vai mais aceitar o culto dos israelitas. O pão deles não entrará mais na casa do Senhor. Quando chegarem as festas no seu calendário religioso, eles estarão em terra estranha, e a sua alegria será uma sinfonia de gemidos.

A. R. Crabtree tem razão quando diz que o versículo 5 é uma pergunta retórica. Quando vier o sábado, a lua nova ou o dia da assembleia solene, os israelitas ficarão entristecidos e atormentados porque não podem celebrar as festas religiosas com toda a sua alegria. Elas serão lembradas apenas como experiências do passado.[253]

Em quinto lugar, *o salário do pecado de Israel é a perda de seus bens e de suas vidas* (9.6). "Porque eis que eles se foram por causa da destruição, mas o Egito os ceifará, Mênfis os sepultará; as preciosidades da sua prata as urtigas as possuirão; espinhos crescerão nas suas moradas." Muitos israelitas tentariam fugir do cativeiro assírio buscando asilo no Egito, mas eles caminhariam não para o refúgio, mas para a morte. Nessa corrida desesperada em busca de sobrevivência perderiam seus tesouros e a própria vida.

Oseias diz que aqueles que tentassem escapar da destruição nas devastadoras mãos dos assírios e encontrassem refúgio no Egito não obteriam descanso, mas seriam ceifados e sepultados em Mênfis (uma cidade no norte do Egito), com seu imenso cemitério e pirâmides antigas. Na verdade, Mênfis era a antiga capital do Baixo Egito, hoje em ruínas ao sul da antiga Cairo; para os egípcios, era um lugar predileto de sepultamento.[254] Sua parafernália religiosa seria abandonada na fuga e tomada por urtigas e espinhos.[255]

A desobediência ao profeta de Deus acarreta graves consequências (9.7-9)

Usando o pretérito profético, Oseias anuncia a chegada do dia do castigo, os dias da retribuição. As leis da semeadura e da colheita (8.7) são infalíveis. Israel semeou o mal, e a retribuição será o castigo. O povo de Israel não apenas tapou os ouvidos à voz da profecia, mas também acusou o profeta de insensato e de louco. Destacamos aqui três pontos:

Em primeiro lugar, *a acusação do povo contra o profeta de Deus* (9.7). "Chegaram os dias do castigo, chegaram os dias da retribuição; Israel o saberá; o seu profeta é um insensato, o homem de espírito é um louco; por causa da abundância da tua iniquidade, ó Israel, e o muito do teu ódio." É mais fácil acusar o profeta de Deus de louco do que arrepender-se de seus próprios pecados. Em vez de confrontar a si mesmos, os israelitas assacaram contra o profeta de Deus as mais pesadas e levianas acusações.

Projetaram para Oseias a loucura deles e transferiram para o mensageiro de Deus sua insensatez. Oseias não foi o primeiro nem o último profeta chamado de "louco" por proferir a palavra de Deus (2Rs 9.11; Jr 29.26-28). Paulo recebeu o mesmo tratamento da parte do rei Festo (At 26.24), e nosso Senhor foi acusado de estar possesso pelos demônios (Jo 7.20; 8.48).[256] Jesus diz que se alguém falar mal contra nós devemos nos regozijar, porque assim também perseguiram os profetas de Deus (Mt 5.11,12).

David Hubbard diz que é típico do comportamento humano, quando não consegue admitir sua culpa, reagir com raiva contra os seus acusadores. Os críticos de Oseias responderam de maneira cortante, não por acharem que ele estava errado, mas porque, em seu íntimo, sabiam que estava certo.[257]

A. R. Crabtree diz que a hostilidade contra o Senhor e contra os seus mensageiros realmente se manifestou na casa do Deus de Israel, onde se praticava o culto ao bezerro, como Amós tinha observado (Am 7.10-17).[258]

Em segundo lugar, *a defesa de Deus ao seu profeta* (9.8). "O profeta é sentinela contra Efraim, ao lado de meu Deus, laço do passarinheiro em todos os seus caminhos, e inimizade na casa do seu Deus." Oseias não é insensato nem louco, mas sentinela. Ele está na torre de vigia avisando a chegada iminente do inimigo (Ez 33.1-9). Oseias fala em nome de Deus e inspirado por Deus. Ele é homem de espírito. Mas Israel o vê como um laço e como um inimigo.

Em terceiro lugar, *a denúncia do profeta de Deus ao povo* (9.9). "Mui profundamente se corromperam, como nos dias de Gibeá. O Senhor se lembrará das suas injustiças, e castigará os pecados deles." Oseias não é um profeta de conveniência. Ele não prega para agradar o povo. Ele fala a verdade da parte de Deus sem se preocupar em ser politicamente correto. Ele denuncia o pecado do povo e também dos reis e príncipes.

Oseias não é popular; ele é fiel. Com palavras contundentes, Oseias diz que o povo se corrompeu mui profundamente e compara essa corrupção e injustiça com a que aconteceu em Gibeá, uma das páginas mais sombrias da história de Israel e uma das cenas mais sórdidas relatadas no Antigo Testamento, o estupro grupal e o assassinato sexual da concubina do levita pelas mãos dos cidadãos lascivos de Gibeá; Deus puniu aqueles rebeldes com a morte de milhares de pessoas (Jz 19–21). Oseias deixa claro que a corrupção humana não passa despercebida aos olhos de Deus.

A idolatria e a imoralidade acarretam perdas de sublimes privilégios (9.10-16)

Israel era como uma menina envolta em sangue, abandonada ao relento. Deus cuidou dela, adornou-a e desposou-a. Contudo, Israel tornou-se uma esposa infiel. Abandonou seu marido e foi atrás de novos amantes. Israel tornou-se uma esposa adúltera e rendeu-se à prática da prostituição. A idolatria de Israel levou o povo à prática vergonhosa da imoralidade.

David Hubbard diz que esse relato sintético da história de Israel capta sua tragédia: ela começou como o prazer divino na capacidade de frutificar no deserto (9.10); logo se tornou amarga em sua sedução por Baal (9.10); perdeu toda esperança de ser frutífera ao confiar em um não-deus para obter fertilidade (9.11-14); abriu mão da excelente terra em que fora chamada para produzir fruto para Iavé, porque escolheu substituir a hegemonia divina pelo domínio humano (9.15); sua fecundidade primitiva cedeu lugar à esterilidade permanente (9.16); sua rejeição ao Anfitrião divino a condenou a não mais ser plantada e cultivada, mas a andar sem rumo entre as nações (9.17).[259]

O texto em tela nos apresenta algumas lições:

Em primeiro lugar, *um começo promissor* (9.10a). "Achei a Israel como uvas no deserto, vi a vossos pais como as primícias da figueira nova..." Oseias usa figuras da fruticultura para descrever os primeiros dias de Israel. Deus se deleitava no seu povo, e Israel se deleitava em Deus (Jr 2.2).

Israel era a menina dos olhos de Deus, a delícia de Deus, a sua herança, o seu prazer como uvas no deserto. As primeiras gerações eram como as primícias da figueira. Israel teve um começo promissor. Oscar Reed diz que o Senhor se representa como viajante no deserto que sente grande prazer e alegria ao achar uvas para matar a sede e figos temporãos, iguarias que a maioria dos orientais aprecia muito (Is 28.4; Jr 24.2; Mq 7.1).[260]

Charles Feinberg diz que no meio de uma cena de julgamento e de horrendas profecias de ais, o terno coração de Deus volta-se para os dias da primitiva história de Israel, como o fez tantas vezes. O Senhor lembra-se de como encontrou Israel pela primeira vez como uvas no deserto. A ideia aqui é a de que Israel lhe era agradável, como o seriam as uvas àquele que as encontra no deserto. Israel era também como os primeiros frutos da figueira, cuja doçura era proverbial devido ao seu frescor, e ainda porque as pessoas passavam longo tempo sem comê-los durante a estação improdutiva.[261]

Em segundo lugar, *uma ingratidão notória* (9.10b). "[...] mas eles foram para Baal-Peor, e se consagraram à vergonhosa idolatria, e se tornaram abomináveis como aquilo que amaram". Israel voltou as costas ao Deus que lhe devotou amor. Israel se entregou em Baal-Peor não apenas à imoralidade, mas também à idolatria (Nm 25). O povo foi seduzido pelo culto a Baal antes mesmo de entrar na terra prometida. Um espírito de prostituição já estava dominando esse povo ingrato (Nm 23.14,28; 25.18; 31.16).

O culto dirigido a Baal exerceu a sua influência na corrupção da vida inteira de Israel. Os israelitas se consagraram ao baalismo, uma religião vergonhosa e detestável. A sensualidade do baalismo corrompia cada vez mais os sentimentos da justiça e do amor que Israel aprendera do Senhor na experiência da salvação. Na prática da religião que satisfazia os seus sentidos físicos, Israel se tornava cada vez mais detestável como aquilo que amava.[262] Porque Israel amou coisas abomináveis para Deus, tornou-se também abominável para o Senhor.

Derek Kidner diz que a história de Baal-Peor é muito apropriada, uma vez que combina dois tipos de falta de castidade que Oseias tinha de denunciar: a física e a espiritual. Não foram apenas as mulheres moabitas que seduziram os homens do êxodo, mas também o seu Baal local; já ouvimos os protestos de Oseias contra esses dois tipos de adultério do seu tempo (2.13; 4.14). Podemos acrescentar que, em nosso tempo, a virtual adoração do sexo, que nem precisa de Baal para torná-la uma religião, comprovou ser uma ilusão atordoante tão grande quanto no período do Antigo Testamento.[263]

Em terceiro lugar, *um juízo solene* (9.11-14). O profeta Oseias descreve esse juízo nos seguintes termos:

> Quanto a Efraim, a sua glória voará como ave; não haverá nascimento, nem gravidez, nem concepção. Ainda que venham a criar seus filhos, eu os privarei deles, para que não fique nenhum homem. Ai deles! quando deles me apartar. Efraim, como planejei, seria como Tiro, plantado num lugar aprazível; mas Efraim levará seus filhos ao matador. Dá-lhes, ó Senhor; que lhes darás? Dá-lhes um ventre estéril e seios secos (Os 9.11-14).

Visto que tanta miséria aguarda os filhos dos israelitas, o profeta se vê constrangido a orar para que não tenham filhos – estado de misericórdia que lhes pouparia maior aflição.[264] O juízo de Deus sobre Israel pode ser retratado assim:

Primeiro, Israel perderia a sua glória (9.11). A glória de Israel haveria de voar como ave. Israel deixaria de ser um povo especial, uma nação sob a proteção divina e com uma missão divina especial entre as nações para ser disperso entre as nações. Israel perdeu o respeito próprio, perdeu a reputação e perdeu a manifestação gloriosa de Deus. Icabode foi escrito no frontispício da nação.

Segundo, Israel perderia seus filhos (9.11b-14). Porque Israel correu atrás de Baal por ser ele o deus cananita da fertilidade, eles ficariam estéreis. Não haveria nascimento, nem gravidez, nem concepção. As mulheres teriam ventres estéreis e seios secos. O futuro de Israel é tão estéril, tão infrutífero, que não ocorrerá nenhuma das etapas necessárias à sobrevivência nacional – não haverá nascimento, nem gravidez, nem mesmo concepção. É a presença vital de Iavé que torna possíveis os ciclos de vida; seu afastamento é uma sentença de morte.[265]

Oscar Reed destaca que os povos de terras orientais consideravam a esterilidade uma desgraça. Efraim quer dizer "fertilidade". A ironia da Escritura está na observação de que o frutífero ficará estéril, e o qualificativo "frutífero" deixará de caracterizar Israel.²⁶⁶ Por ser Baal o deus da prosperidade, ficariam pobres. Israel receberia exatamente o contrário do que buscava em Baal. Israel deixou a Deus, a fonte das águas da vida, para cavar para si cisternas rotas que não retêm as águas. Derek Kidner, nessa mesma linha de pensamento, escreve:

> A árvore da família de Efraim (isto é, das tribos do norte) está agonizando ou sendo decepada em todos os seus novos brotos. Eles prestaram culto à fertilidade por intermédio de rituais sexuais a Baal, e venderam suas almas em troca da paz (7.11; 8.9,10): sua sentença seria a infertilidade e a guerra. Aqui, mais uma vez, ocorre uma mistura de processos naturais e sobrenaturais: naturais, porque o abuso do sexo sempre leva à doença e à esterilidade (9.11b,14), e os tratados violados levam à inimizade entre os países (9.12,13); e sobrenaturais, porque Deus há de se encarregar de que este caso chegue ao fim sem qualquer piedade.²⁶⁷

Terceiro, Israel perderia a presença de Deus (9.12b). "Ai deles! quando deles me apartar." A maior tragédia que pode acontecer ao povo de Deus é Deus apartar-se. O problema maior não é a presença do inimigo, mas a ausência de Deus. Se Deus for por nós, ainda que todos os inimigos se ajuntem contra nós, ainda assim prevaleceremos. Porém, se Deus não for por nós, não poderemos resistir aos nossos inimigos. Porque Deus se apartou de Israel, o povo caiu nas mãos de seus inimigos!

Em quarto lugar, *um repúdio severo* (9.15). "Toda a sua malícia se acha em Gilgal, porque ali passei a aborrecê-los; por causa da maldade das suas obras os lançarei fora de minha casa; já não os amarei; todos os seus príncipes são rebeldes." Deus lavra carta de repúdio a Israel. O cálice da ira de Deus transbordou, e como um marido manda embora a esposa infiel, Deus lança fora de sua casa esse povo, dizendo não mais amá-lo.

Foi em Gilgal que começou a monarquia em Israel, e foi em Gilgal que esses reis multiplicaram a sua malícia, aborrecendo a Deus. A monarquia é vista como o centro dos males de Israel: os reis estabeleceram o culto a Baal (1Rs 12.28-30); os reis instalaram a política externa que resultou no extermínio (9.13); os príncipes, oficiais da corte (7.3,5,16; 8.4), são especialmente mencionados como líderes de rebelião (9.15). Talvez seja esse o golpe mais contundente de Oseias contra a monarquia; em seu próprio nascimento começou a incorrer no ódio divino.[268]

Em quinto lugar, *uma sentença pesada* (9.16). "Ferido está Efraim, secaram-se as suas raízes; não dará fruto: ainda que gere filhos, eu matarei os mais queridos do seu ventre." Deus vê Israel como uma árvore: o machado do juízo já cortou suas raízes, já secou os seus ramos, e ela não dá mais os seus frutos. Israel perderá sua liberdade. Israel perderá sua soberania nacional. Seus filhos não sobreviverão ao cerco nem se multiplicarão no cativeiro. O próprio Deus é o agente dessa pesada sentença.

A indisposição de ouvir a Deus acarreta a rejeição de Israel (9.17)

Israel tapou os ouvidos à voz de Deus, e agora o profeta Oseias diz que Deus o rejeitará. Chamamos a atenção para dois fatos:

Em primeiro lugar, *Deus só rejeita aqueles que o rejeitam* (9.17a). "O meu Deus os rejeitará, porque não o ouvem..." O profeta diz: "O *meu* Deus" porque Iavé não é mais o

Deus da nação infiel. Esse povo escolhido dentre todos os povos da terra para ser a propriedade peculiar do Senhor será definitivamente rejeitado porque repudiou os seus compromissos solenes para com Deus (Êx 19.1-6; Dt 32.8; Ml 3.12).

Deus rejeitou Israel porque primeiro foi rejeitado por Israel, assim como Deus só endureceu o coração de faraó porque primeiro faraó endureceu seu próprio coração. A desobediência contumaz leva à rejeição. Como já dissemos, os cananeus foram expulsos para que Israel desfrutasse a terra dada por Deus; agora, os israelitas seriam expulsos por terem assimilado as práticas dos cananeus.[269]

Em segundo lugar, *aqueles que fogem de Deus estão fadados a viver errantes* (9.17b). "[...] e andarão errantes entre as nações". Israel não apenas foi levado para o cativeiro assírio, mas ao longo dos séculos andou errante entre as nações. Desde a época do prenúncio de Oseias até os dias de hoje, a imensa maioria dos filhos de Israel tem a diáspora como endereço.[270]

A. R. Crabtree diz que, apartado de Deus, no seu espírito perverso e revoltoso, o povo de Israel receberá a maldição de Caim. Sem Deus e sem esperança, esse povo andará errante entre as nações.[271] Dionísio Pape diz que, pouco tempo depois, em 722 a.C., realizou-se o inesperado desastre. Por não ter prestado atenção à advertência, a nação deixou de existir. Desse acontecimento fatídico data o judeu errante. E passaria muitos séculos peregrinando, sem pátria, sem identidade nacional e sem a bênção do Senhor, cuja voz ele recusara tantas e tantas vezes.[272]

NOTAS DO CAPÍTULO 10

[241] HUBBARD, David A. *Oseias: Introdução e comentário*. 2006: p. 166.
[242] REED, Oscar. *O livro de Oseias*. In *Comentário bíblico Beacon*. Vol. 5. 2005: p. 50,51.
[243] KIDNER, Derek. *A mensagem de Oseias*. 1988: p. 75.
[244] HUBBARD, David. *Oseias: Introdução e comentário*. 2006: p. 168.
[245] CRABTREE, A. R. *O livro de Oseias*. 1961: p. 140.
[246] KIDNER, Derek. *A mensagem de Oseias*. 1988: p. 76.
[247] KIDNER, Derek. *A mensagem de Oseias*. 1988: p. 76.
[248] HUBBARD, David. *Oseias: Introdução e comentário*. 2006: p. 169.
[249] CRABTREE, A. R. *O livro de Oseias*. 1961: p. 141.
[250] FEINBERG, Charles L. *Os profetas menores*. 1988: p. 43,44.
[251] HUBBARD, David. *Oseias: Introdução e comentário*. 2006: p. 167.
[252] KIDNER, Derek. *A mensagem de Oseias*. 1988: p. 76.
[253] CRABTREE, A. R. *O livro de Oseias*. 1961: p. 142.
[254] FEINBERG, Charles L. *Os profetas menores*. 1988: p. 44.
[255] HUBBARD, David. *Oseias: Introdução e comentário*. 2006: p. 170.
[256] KIDNER, Derek. *A mensagem de Oseias*. 1988: p. 77.
[257] HUBBARD, David. *Oseias: Introdução e comentário*. 2006: p. 172.
[258] CRABTREE, A. R. *O livro de Oseias*. 1961: p. 145.
[259] HUBBARD, David. *Oseias: Introdução e comentário*. 2006: p. 175,176.
[260] REED, Oscar. *O livro de Oseias*. In *Comentário bíblico Beacon*. Vol. 5. 2005: p. 52.
[261] FEINBERG, Charles L. *Os profetas menores*. 1988: p. 45.
[262] CRABTREE, A. R. *O livro de Oseias*. 1961: p. 147.
[263] KIDNER, Derek. *A mensagem de Oseias*. 1988: p. 79.
[264] FEINBERG, Charles L. *Os profetas menores*. 1988: p. 46.
[265] HUBBARD, David. *Oseias: Introdução e comentário*. 2006: p. 177, 178.
[266] REED, Oscar. *O livro de Oseias*. In *Comentário bíblico Beacon*. Vol. 5. 2005: p. 52.
[267] KIDNER, Derek. *A mensagem de Oseias*. 1988: p. 80.
[268] HUBBARD, David. *Oseias: Introdução e comentário*. 2006: p. 179.
[269] HUBBARD, David. *Oseias: Introdução e comentário*. 2006: p. 179.
[270] HUBBARD, David. *Oseias: Introdução e comentário*. 2006: p. 181.
[271] CRABTREE, A. R. *O livro de Oseias*. 1961: p. 150.
[272] PAPE, Dionísio. *Justiça e esperança para hoje*. 1983: p. 18.

Capítulo 11

Os degraus da queda de uma nação
Oseias 10.1-15

ISRAEL TORNOU-SE CONTUMAZ no erro. Seus ouvidos tornaram-se moucos, seu coração insensível, e sua consciência cauterizada. Eles amaram mais as trevas do que a luz. Eles caminharam deliberadamente rumo ao abismo, fazendo escolhas erradas, semeando a malícia e aprofundando-se mais e mais na corrupção política, moral e espiritual. De degrau em degrau, a nação foi caindo até capitular por completo nas mãos da Assíria e perder a sua soberania nacional. Israel é um exemplo eloquente de que o pecado é o opróbrio das nações.

Consideremos, agora, esses degraus da sua queda, uma escalada vertiginosa rumo ao abismo.

Ingratidão clamorosa (10.1)

O profeta Oseias foi pródigo em figuras. Agora, ele chama Israel de vide luxuriante. Destacamos, aqui, três pontos:

Em primeiro lugar, *um sublime privilégio* (10.1a). "Israel é vide luxuriante, que dá o fruto..." As uvas descobertas no deserto (9.10) tornaram-se a vide que, plantada em Canaã, se estendia espalhando-se (Sl 80.8-11; Is 5.1-7). Israel não é uma erva daninha nem um espinheiro, mas uma vide; e não apenas uma vide, mas uma vide luxuriante, bela, exuberante e frutífera. Israel foi uma vide plantada por Deus, cuidada por Deus para ser uma bênção para as nações. Lamentavelmente, Israel produziu uvas amargas e deixou de cumprir o seu importante papel de ser um luzeiro para as nações.

Em segundo lugar, *uma exuberante bênção* (10.1b). "[...] segundo a abundância do seu fruto..." Deus visitou essa vinha e a fez produzir abundantemente. Deus escolheu Israel, libertou Israel, abençoou Israel e fez dele uma nação próspera. Deu-lhe proteção, provisão e o cercou de generosa providência. Deus é apresentado como aquele que tomou a iniciativa de multiplicar as bênçãos de Israel; mas, em resposta, Israel perverteu essas bênçãos. Enquanto Iavé deu tudo de si para a melhoria da terra, Israel deu tudo de si para consagrar-se a Baal.[273] A prosperidade de Israel levou a nação à apostasia, e não à santidade.

Em terceiro lugar, *uma injustificada infidelidade* (10.1b). "[...] segundo a abundância do seu fruto, assim multiplicou os altares; quanto melhor a terra, tanto mais belas colunas fizeram". Israel respondeu às bênçãos de Deus com injustificada ingratidão. Charles Feinberg diz que para cada bênção advinda de Deus o povo dava glória aos ídolos e lhes prestava culto.[274] Oscar Reed diz que em vez de aumentar a gratidão a Iavé, a prosperidade tornou-se ocasião de aumentar o número de altares e colunas.[275]

O povo atribuiu as bênçãos da prosperidade a Baal; e quanto mais eles recebiam de Deus, tanto mais levantavam altares para pecar e belas colunas nos montes para prostituir-se. A. R. Crabtree diz que as colunas aqui são aquelas que os povos semíticos usavam em seus cultos, com objetos na forma de seios femininos, nos santuários dedicados ao culto de Asera. Esse culto de pilares dedicado à deusa Asera representou a forma mais grosseira da apostasia de Israel desde o tempo de Josué até a queda de Samaria.[276]

O objetivo de Israel com esse culto idolátrico era garantir-se contra os tempos magros. O desenvolvimento dos santuários cultuais era uma simples reaplicação do lucro no próprio negócio. Os altares e as colunas eram o mecanismo sagrado que produzia a prosperidade.[277]

Coração dividido (10.2,3)

O problema de Israel era fazer um concubinato espúrio entre o culto verdadeiro e a religião cananita. Eles tinham sucumbido à religião cananita antes mesmo de entrar na terra prometida. E dessa falsa religião jamais se libertaram até que foram para o cativeiro. O sincretismo religioso levou o povo a ter um coração dividido e falso. Eles queriam agradar a Deus levantando altares para Baal. Charles Spurgeon diz que Deus fez um coração para o homem, e o esforço para ter dois ou para ter um dividido é assaz perigoso para o homem. Ter um coração quebrantado é uma bênção, mas ter um coração dividido é uma tragédia.[278]

Destacamos aqui três pontos:

Em primeiro lugar, *o coração dividido implica culpa humana* (10.2). "O seu coração é falso; por isso serão culpados". A palavra hebraica para "falso" pode ser traduzida também por "dividido". O coração de Israel era falso no abandono do Senhor em favor do culto a Baal. O seu coração ficou dividido na fidelidade nominal para com o Senhor, enquanto se dedicavam cada vez mais assiduamente à religião do baalismo.[279]

Na época do rei Acabe, Elias denunciou a nação de Israel de estar coxeando entre dois pensamentos (1Rs 18.21), ou seja, oscilando entre o culto a Deus e o culto a Baal. Essa mesma tendência permanecia nos dias do profeta Oseias. O povo não era firme em buscar a Deus. Seu coração estava dividido entre Deus e Baal. Por isso, seu coração era falso, e aos olhos de Deus, culpado.

Em segundo lugar, *o coração dividido implica juízo divino* (10.2b). "[...] o Senhor quebrará os seus altares, e deitará abaixo as colunas". A falsa religião não prevalecerá. A falsa doutrina não dominará. Deus mesmo se encarrega de destruí-la. Deus quebrou os altares que o povo multiplicara em Israel para pecar (8.11). Deus deitou abaixo as colunas que o povo levantara para prostituir-se. A Assíria invadiu Israel e devastou os símbolos do seu culto, e Deus aplicou ali o seu juízo.

Em terceiro lugar, *o coração dividido implica desamparo completo* (10.3). "Agora, pois, dirão eles: Não temos rei, porque não tememos ao Senhor. E o rei, que faria por nós?" A insinceridade religiosa de Israel refletiu diretamente na política. Por terem abandonado a Deus, buscaram formas políticas diferentes: No início, o povo era governado pelo próprio Deus no regime da *teocracia*. Depois, querendo imitar as nações ao redor, pediram um rei e adotaram a *monarquia*. No entanto, agora, decepcionados com a decadência da monarquia, estão no fundo do poço, entregues à *anarquia*.

O palácio havia se tornado um ninho peçonhento de intrigas, assassinatos e conspirações. Os reis não eram mais confiáveis. O povo estava completamente desamparado. Quanto à política, Israel oscilou entre a arrogância (13.10) e a apatia (7.3-7).

A. R. Crabtree diz corretamente que, no seu desespero, o povo perdeu a fé em Deus e a confiança no rei.[280] Concordo com Charles Feinberg quando diz: "Porque rejeitaram o seu Rei celestial, foram despojados do seu rei terreno".[281]

Oscar Reed diz corretamente que, quando Israel dividiu sua lealdade, também perdeu a crença em seus reis. Estes faziam e guardavam o concerto somente quando lhes era pessoalmente vantajoso. Houve uma sequência funesta de regentes que, em nível internacional, faziam alianças fraudulentas e, nacionalmente, brincavam com políticas de força; nenhum deles reinou por possuir um dom carismático (7.7; 8.4). Um governante desta qualidade não faria mais que proferir meras palavras e entrar em pactos inúteis.[282]

Aliança hipócrita (10.4)

Porque Israel abandonou a Deus, o manancial das águas vivas, para si cavou cisternas rotas. Porque abandonou a Deus, seu verdadeiro refúgio, buscou segurança em malogradas alianças políticas. Essas alianças, porém, foram quebradas sem qualquer constrangimento. O povo de Israel havia perdido qualquer senso de decência e lealdade. Concordo com Derek Kidner quando diz:

> Quando consideramos vazio o céu ("não tememos ao Senhor"), palavras e promessas logo se tornam vazias, e a chamada justiça transforma-se numa paródia do que realmente é, não mais permanecendo imparcial acima dos fortes e dos fracos, mas materialista e tortuosa, fruto das

ideias e da política do momento; não mais uma força em favor do bem e da saúde da nação, mas uma fonte de veneno.[283]

Destacamos quatro pontos:

Em primeiro lugar, *não havia verdade em suas palavras* (10.4a). "Falam palavras vãs..." A palavra dos israelitas não tinha peso nem valor. Eles estavam entregues à mentira e à falsidade. Eles não eram confiáveis. A mentira tem procedência maligna. Os mentirosos não herdarão o reino de Deus. Charles Feinberg é da opinião de que esse é exatamente o retrato da sociedade contemporânea. Assim ele escreve:

> Dentre seus deslizes estava o proferir palavras vãs, meras palavras, conversa fiada. Vivemos num dia exatamente assim, com nossos inúmeros livros, revistas, foros de debate, programas de rádio e televisão com seus noticiários, opiniões e melancolias. Conversa, conversa, conversa, palavras sem fim. E quando se comete isso no reino das coisas espirituais e bem assim entre as nações, os efeitos são desastrosos.[284]

Em segundo lugar, *não havia sinceridade em seus votos* (10.4b). "[...] jurando falsamente..." Os acordos firmados com juramento por Israel eram blefes. Seus juramentos eram desprovidos de verdade e sinceridade. Eles não honravam os seus votos. Eram hipócritas quando assumiam qualquer compromisso. Uma sociedade que não honra os seus compromissos está falida. Nenhuma família pode manter-se em pé quando os votos são escarnecidos e quebrados. A palavra de Deus diz que é melhor não votar do que votar e não cumprir (Ec 5.5).

Em terceiro lugar, *não havia fidelidade em suas alianças* (10.4c). "[...] fazendo aliança..." Israel corria atrás da

Assíria buscando proteção contra o Egito, e depois corria atrás do Egito buscando proteção contra a Assíria. Israel era como uma pomba enganada (7.11). Suas alianças eram tão falsas quanto suas palavras. Seus pactos eram tão infiéis quanto o seu coração. Não havia lealdade alguma desse povo com Deus nem mesmo com as pessoas. Infidelidade era o apanágio dessa nação.

Em quarto lugar, *não havia justiça em seus julgamentos* (10.4d). "[...] por isso brota o juízo como erva venenosa nos sulcos dos campos". Israel semeou mentira, deslealdade e infidelidade, e essa semente venenosa brotou nos sulcos dos campos e produziu fartamente um mortífero juízo para a nação. Eles colheram o que plantaram. Eles beberam o refluxo do próprio fluxo. O mal que eles intentaram contra os outros caiu sobre sua própria cabeça. A erva venenosa era, talvez, a cicuta, o veneno dado a Sócrates. Amós se refere a esse veneno quando observa: "[...] haveis tornado o juízo em veneno, e o fruto da justiça em alosna" (Am 6.12).[285]

Idolatria impotente (10.5-8)

O profeta Oseias passa da deslealdade para a idolatria; da ética para a religião. Havendo perdido a sua fé no Senhor e nos seus reis, Israel se apegava mais confiadamente ao seu amado bezerro de ouro. Israel trocou Deus por um bezerro de ouro e agora veria que a falsa religião é um falso refúgio.

David Hubbard diz que o centro das atenções aqui é a deportação do deus-bezerro de Betel para a Assíria. Sem rei, sem bezerro e com os altares destruídos, o povo é privado de esperança e propósito. Seus gritos suicidas (10.8) ecoam pelos montes e outeiros onde outrora ressoavam os suspiros e gemidos de suas orgias sexuais (4.11-14), os apelos de sua magia masoquista (7.14), os hinos de sua gratidão desorientada (2.8).[286]

Vários pontos devem ser aqui destacados:

Em primeiro lugar, *a falsa religião não pode ajudar no dia da angústia* (10.5a). "Os moradores de Samaria serão atemorizados por causa do bezerro de Bete-Áven..." Jeroboão I havia colocado um bezerro de ouro em Betel e instituído um culto sincrético em Israel para impedir o povo das dez tribos setentrionais de subir a Jerusalém para adorar o Senhor no templo. Israel trocou Deus pelo bezerro de ouro. Israel atribuiu as bênçãos de Deus ao bezerro de ouro. Porém, quando a calamidade chegou, quando o inimigo cercou Israel, o seu bezerro de ouro em Bete-Áven e o seu culto falso não puderam lhe oferecer segurança. A falsa religião é um falso refúgio no dia da angústia.

Em segundo lugar, *o falso lamento não pode suspender a calamidade* (10.5b). "[...] o seu povo se lamentará por causa dele, e os sacerdotes idólatras tremerão por causa da sua glória, que já se foi". O povo de Israel não está se lamentando por seus pecados, mas porque a invasão assíria levou embora o bezerro de ouro. O deus adorado em Israel foi capturado pelo inimigo, e o povo lamenta essa perda em vez de voltar-se para Deus em sincero arrependimento. Esse lamento de Israel é inócuo. Esse choro é vazio. Essa tristeza não produz o verdadeiro arrependimento. Os sacerdotes idólatras viam no bezerro de ouro a sua glória, mas essa glória desvaneceu, deixando-os desolados.

Nos dias de Samuel, como era de se esperar, lamentou-se a captura da arca; mas agora as lágrimas de Israel serão derramadas por um ídolo capturado e símbolo da apostasia; pois Jeroboão I, como afirmamos, o estabelecera em Betel para criar um culto rival ao de Jerusalém (1Rs 12.26-33). Este é o lamento que brota da frustração e do orgulho ferido, e não do arrependimento; uma "tristeza do mundo", a qual não leva a parte alguma, em vez da tristeza piedosa que "[...] produz [...] salvação que a ninguém traz pesar" (2Co 7.10).[287]

Em terceiro lugar, *os falsos deuses não podem proteger a si mesmos* (10.6). "Também o bezerro será levado à Assíria como presente ao rei principal; Efraim se cobrirá de vexame, e Israel se envergonhará por causa de seu próprio capricho." Os falsos deuses são criados pelo homem. Eles não têm vida por si mesmos. Eles não podem proteger seus adoradores nem a si mesmos. O bezerro de ouro adorado em Betel é levado para o cativeiro com o povo, como um presente ao rei da Assíria. Confiar em ídolos é loucura consumada. Os deuses dos povos não podem livrar como o Senhor. Israel está coberto de vexame, porque colocou a sua confiança num ídolo impotente.

David Hubbard diz que o bezerro-ídolo é destacado por aquilo que é – uma coisa, um objeto, um artefato repugnante (8.5,6). Ele tem de ser carregado. Que tipo de divindade é essa? O contraste entre a materialidade passiva do ídolo e a pessoalidade ativa de Deus (10.2) foi retratado em tons marcantes.[288]

Em quarto lugar, *o rei não encontra refúgio na religião idólatra* (10.7). "O rei de Samaria será como lasca de madeira na superfície da água." Todos os reis de Israel foram infiéis a Deus. Todos eles fizeram da religião apenas um instrumento para servir ao Estado. Todos promoveram a idolatria e ficaram prisioneiros dela. Agora, com o encurralamento do inimigo, o rei não tem a quem recorrer. Suas alianças políticas não podem lhe ajudar. Seu deus feito de ouro não pode lhe socorrer. O rei de Samaria é jogado de um lado para o outro ao sabor das circunstâncias como uma lasca de madeira sobre a água, ou seja, uma coisa leve, vazia, sem valor.

Não há estabilidade nem salvação para o rei de Samaria. Ele também será levado cativo. Ele sofrerá o mesmo destino do seu povo insensato. A figura usada pelo profeta Oseias é notável. Israel será tão impotente, tão fraco como um estilhaço de madeira na superfície das águas, lançado para cá e para lá entre as nações.[289] Essa talvez seja uma referência aos agitados movimentos imprevisíveis da história, cujos vagalhões afogariam Israel completamente.[290]

Em quinto lugar, *a religião idólatra e seus seguidores sofrerão um golpe fatal* (10.8). "E os altos de Áven, pecado de Israel, serão destruídos; espinheiros e abrolhos crescerão sobre os seus altares; e aos montes se dirá: Cobri-nos! e aos outeiros: Caí sobre nós!" A Assíria invadiu Israel, destruiu seus lugares sagrados e levou o povo para o cativeiro. No lugar dos altares de Israel cresceram espinheiros e abrolhos. O desespero do povo foi tão grande que eles passaram a preferir a morte ao cativeiro. Gritavam aos montes e aos outeiros para caírem sobre eles.

A autodestruição era melhor para eles do que sofrerem lentamente nas mãos de seus implacáveis invasores. Nessa mesma linha de pensamento, A. R. Crabtree diz que quando o reino fosse destruído, com os altares de culto a Baal, os habitantes desesperados desejariam a morte imediata em preferência à desgraça prolongada. A vergonha do exílio seria pior do que a morte súbita.[291]

Este é um grito que o Novo Testamento dará duas vezes: primeiro para predizer os horrores ainda maiores que aguardavam a Jerusalém do ano 70 d.C., como resultado lógico da escolha que fizera na sexta-feira da paixão (Lc 23.30); e, em segundo lugar, para descrever os terrores do juízo final, quando os homens de cada categoria social e cada nação dirão aos montes e aos rochedos: "Caí sobre nós, e escondei-nos da face daquele que se assenta no trono, e da ira do Cordeiro" (Ap 6.16). Portanto, não podemos ficar contemplando a queda de Samaria, confortavelmente e a uma distância segura do século 8 a.C. Essas tragédias são alertas de Deus para nós hoje (Lc 13.2-5).[292]

Imoralidade degradante (10.9-11)

A lição baseada na história e na geografia transfere de Betel para Gibeá o centro da atenção.[293] Oseias faz uma transição do colapso da idolatria para a degradação da imoralidade. A perversão é filha da impiedade, e a idolatria é mãe da imoralidade. Destacamos aqui três pontos:

Em primeiro lugar, *a persistência no pecado* (10.9). "Desde os dias de Gibeá pecaste, ó Israel, e nisto permaneceste. A peleja contra os filhos da perversidade não há de alcançar-te em Gibeá?" Gibeá é mais do que um ponto geográfico no mapa de Israel, é um símbolo, um emblema de uma das maiores tragédias na história desse povo. Ali homens devassos da tribo de Benjamim cometeram uma das maiores loucuras e atrocidades em Israel, violentando coletivamente a concubina de um levita. A cidade não castigou os transgressores, de modo que a nação toda atacou Benjamim e quase destruiu a tribo.[294]

Esse crime despertou de tal forma a ira de Deus que houve uma guerra civil encarniçada das demais tribos contra Benjamim, quase dizimando por completo essa tribo (Jz 19–21). Agora, Oseias denuncia que, desde Gibeá, Israel continua na prática da mesma sórdida imoralidade, permanecendo nesse caminho trevoso. O resultado é que a peleja contra esses filhos da perversidade os alcançaria de forma irremediável.

O barulho das rodas dos carros dos invasores já se fazia ouvir. O tropel dos cavalos de guerra já levantava a poeira. A invasão militar da Assíria seria breve e avassaladora. Israel começou a sua vida rebelde em Gibeá. Então, a guerra contra os filhos da iniquidade viria do norte e passaria por toda a terra até Gibeá, no extremo sul.[295]

Em segundo lugar, *o castigo do pecado* (10.10). "Castigarei o povo na medida do meu desejo; e congregar-se-ão contra eles os povos, quando eu o punir por causa de sua dupla transgressão." A Assíria é a vara da ira de Deus, mas quem castiga o seu povo é Deus, e o faz segundo o seu desejo. Nações se congregarão contra Israel para executarem contra ele o castigo de Deus. Quanto à dupla transgressão de Israel, muitas interpretações foram sugeridas. Entre estas, a mais provável é que se refira ao apelo que Israel faz tanto a Baal em sua adoração, quanto aos aliados estrangeiros em sua política, e que são as duas principais acusações desses capítulos.[296]

Em terceiro lugar, *as perdas do pecado* (10.11). "Porque Efraim era uma bezerra domada, que gostava de trilhar; coloquei o jugo sobre a formosura do seu pescoço; atrelei Efraim ao carro. Judá lavrará, Jacó lhe desfará os torrões." Depois de usar uma figura da agricultura (vide luxuriante), Oseias usa uma figura da pecuária (bezerra domada) para descrever Israel. Israel tinha o privilégio de ser uma bezerra domada que trilha o cereal, mas tornou-se uma vaca rebelde (4.16).

Trilhar o cereal era um serviço leve, e o animal ainda tinha a liberdade de comer do cereal debulhado (Dt 25.4).

Tudo isso, porém, pertence ao passado. O padrão mudou. Porque Israel persistiu em pecar contra Deus, agora terá o jugo áspero e pesado da escravidão em seu pescoço. Não debulhará mais o cereal, mas vai arar a terra dura sem poder usufruir os benefícios do seu trabalho. Arar e desfazer torrões eram tarefas difíceis, devido ao solo da Palestina, raso, pedregoso, varrido pelo vento, e também por causa do caráter primitivo das ferramentas.[297] Efraim seria submetido ao trabalho forçado e à opressão aflitiva. A escravidão não era uma realidade apenas para o Reino do Norte, mas também para o Reino do Sul. Não apenas Israel, mas também Judá sofreria o mesmo destino.

Convite gracioso (10.12)

Mesmo na undécima hora, no apagar das luzes, Deus ainda abre uma porta de escape para Israel, chamando-o ao arrependimento. As trombetas do juízo ainda estão misturadas com a misericórdia. Enquanto Deus ainda chama, não é muito tarde para voltar-se para ele. Destacamos, aqui, três verdades:

Em primeiro lugar, *uma exigência clara* (10.12a). "Então disse: Semeai para vós outros em justiça, ceifai segundo a misericórdia; arai o campo de pousio..." Este é um apelo fervoroso ao arrependimento. Deus mesmo chama Israel ao arrependimento, à mudança de conduta. O profeta apresenta três ordens sucessivas, cada uma independente das outras, como passos necessários na busca do Senhor: semeai, ceifai, arai.

Israel deveria arar o terreno abandonado, eivado de espinhos e abrolhos. Se Israel voltasse a lançar na terra as sementes da justiça, faria uma colheita segura de misericórdia. Deus suspenderia o castigo, afastaria o inimigo e lhes daria o livramento. O único escape de Israel não estaria nos seus ídolos abomináveis nem nas suas alianças políticas, mas na sua volta para Deus.

Derek Kidner diz que a expressão "campo de pousio", ou campo virgem, é extraordinariamente adequada para descrever uma pessoa duas vezes impenetrável pela boa semente da palavra de Deus: por causa do desenvolvimento embaralhado de ideias mundanas e de preocupações que se apossaram dela, e também por causa da crosta grossa mais abaixo, que são os desejos e as atitudes que jamais foram quebrantados pela penitência.[298]

Nessa mesma linha de pensamento, Warren Wiersbe diz que "campo de pousio" é a terra sem cultivo e que se torna dura e cheia de ervas daninhas.[299] Antes de semear, é preciso quebrar o solo duro dos corações. Só então a chuva da graça é enviada do céu!

Em segundo lugar, *uma razão urgente* (10.12b). "[...] porque é tempo de buscar ao SENHOR..." Mesmo na iminência do colapso nacional, mesmo na beira do abismo, Israel ainda tinha a oportunidade de voltar-se para Deus. Aquela era a última oportunidade; a última chamada para uma volta para Deus. Desprezar aquela oportunidade seria fechar atrás de si a porta da graça. Não havia mais tempo a perder. Arrepender-se e viver ou não se arrepender e morrer.

Em terceiro lugar, *um resultado bendito* (10.12c). "[...] até que ele venha e chova a justiça sobre vós". Se Israel se voltasse para Deus em arrependimento, Deus se voltaria para ele em misericórdia. Se Israel buscasse ao Senhor, Deus se deixaria ser achado por ele. Se Israel semeasse em justiça, as chuvas benfazejas da restauração desceriam sobre o povo. Deus é rico em perdoar e tem prazer na misericórdia.

Ruína completa (10.13-15)

Porque Israel não se arrependeu e desprezou o último convite da graça, sua ruína foi completa e irremediável. Destacamos, aqui, três pontos:

Em primeiro lugar, *uma semeadura maldita* (10.13). "Arastes a malícia, colhestes a perversidade; comestes o fruto da mentira, porque confiastes nos vossos carros e na multidão dos vossos valentes." Em vez de semear em justiça, conforme Deus havia ordenado, Israel semeou a malícia. O resultado é que colheu perversidade e comeu o fruto da mentira. Em vez de confiar em Deus na hora do aperto, Israel confiou no seu poder bélico, ou seja, nos seus carros. Em vez de pôr sua confiança no Senhor dos Exércitos, Israel depositou sua confiança no braço da carne, ou seja, nos seus soldados. O resultado dessas escolhas erradas e dessa maldita semeadura foi uma derrota fatídica.

Em segundo lugar, *uma guerra devastadora* (10.14). "Portanto, entre o teu povo se levantará tumulto de guerra, e todas as tuas fortalezas serão destruídas, como Salmã destruiu a Bete-Arbel no dia da guerra: as mães ali foram despedaçadas com seus filhos." Porque Israel abandonou o Deus da paz, enfrentou a guerra. Porque deixou de confiar em Deus como sua fortaleza, viu todas as suas fortalezas sendo destruídas. Porque não buscou abrigo nos braços de Deus, viu as mães e seus filhos sendo despedaçados pela implacável invasão dos inimigos.

A palavra Salmã é, provavelmente, contração de Salmaneser, o conquistador de Israel (2Rs 17.3). Todas as suas fortificações serão arrasadas como Salmã destruiu Bete-Arbel no campo de batalha. Charles Feinberg diz que como exemplo do que acontecerá a Israel, o profeta salienta a extrema crueldade e barbaridade da destruição provocada por Salmaneser ao declarar que, na batalha, a mãe foi despedaçada com seus filhos. Esta era uma prática comum, adotada pelos siros (2Rs 8.12), assírios (13.16), medos (Is 13.16) e babilônios (Sl 137.8,9).[300]

Em terceiro lugar, *uma monarquia destruída* (10.15). "Assim vos fará Betel, por causa da vossa grande malícia; como passa a alva, assim será o rei de Israel totalmente destruído." O profeta conclui a ameaça contra a nação com o anúncio da destruição da monarquia. Declara que Betel, o centro da idolatria, preparou esta tragédia para o povo de Israel. Israel foi o seu próprio destruidor.[301] O rei seria cortado tão repentinamente como vem a madrugada depois da noite. Devemos entender que o rei de Israel refere-se à monarquia em geral, e não a um monarca específico.[302] A monarquia foi completamente destruída.

Os reis de Israel foram escolhidos sem a direção divina (8.4). Eles foram, também, os principais agentes da falsa religião em Israel e os protagonistas das falsas alianças com as nações pagãs. A monarquia em Israel era o centro nevrálgico, de onde procediam os principais desvios do povo. Agora, Deus colocaria um basta nessa monarquia. Israel seria levado para o cativeiro assírio, e nunca mais o Reino do Norte restabeleceria sua independência política. Porque a nação não se arrependeu, veio o juízo; em 722 a.C., o exército assírio invadiu a terra, e as dez tribos, como nação, desapareceram das páginas da história.

Concluo este capítulo com as palavras de Charles Feinberg:

> Depois da época do rei Oseias, o Reino do Norte jamais conheceria outro rei que não fosse da linhagem davídica; o cativeiro assírio aboliu por completo o ofício real nas dez tribos. O trono do Reino do Norte não foi restaurado até hoje, e nunca o será. E toda esta calamidade

eles mesmos trouxeram sobre si. Em última instância, não seria Deus nem os assírios quem traria essa catástrofe sobre Israel, mas Betel com seus pecados.[303]

NOTAS DO CAPÍTULO 11

[273] HUBBARD, David A. *Oseias: Introdução e comentário.* 2006: p. 183,184.
[274] FEINBERG, Charles L. *Os profetas menores.* 1988: p. 48.
[275] REED, Oscar. *O livro de Oseias.* In *Comentário bíblico Beacon.* Vol. 5. 2005: p. 53.
[276] CRABTREE, A. R. *O livro de Oseias.* 1961: p. 151,152.
[277] KIDNER, Derek. *A mensagem de Oseias.* 1988: p. 83.
[278] SPURGEON, Charles H. *Spurgeon's sermon notes.* Hendriksen Publishers. Peabody, MA. 1997: p. 289.
[279] CRABTREE, A. R. *O livro de Oseias.* 1961: p. 152.
[280] CRABTREE, A. R. *O livro de Oseias.* 1961: p. 153.
[281] FEINBERG, Charles L. *Os profetas menores.* 1988: p. 49.
[282] REED, Oscar. *O livro de Oseias.* In *Comentário bíblico Beacon.* Vol. 5. 2005: p. 53.
[283] KIDNER, Derek. *A mensagem de Oseias.* 1988: p. 84.
[284] FEINBERG, Charles L. *Os profetas menores.* 1988: p. 49.
[285] REED, Oscar. *O livro de Oseias.* In *Comentário bíblico Beacon.* Vol. 5. 2005: p. 53.
[286] HUBBARD, David A. *Oseias: Introdução e comentário.* 2006: p. 186.

287 KIDNER, Derek. *A mensagem de Oseias*. 1988: p. 85.
288 HUBBARD, David A. *Oseias: Introdução e comentário*. 2006: p. 187.
289 CRABTREE, A. R. *O livro de Oseias*. 1961: p. 156.
290 HUBBARD, David A. *Oseias: Introdução e comentário*. 2006: p. 188.
291 CRABTREE, A. R. *O livro de Oseias*. 1961: p. 156,157.
292 KIDNER, Derek. *A mensagem de Oseias*. 1988: p. 86.
293 HUBBARD, David A. *Oseias: Introdução e comentário*. 2006: p. 189.
294 WIERSBE, Warren W. *Comentário bíblico expositivo*. Vol 4. 2006: p. 403.
295 CRABTREE, A. R. *O livro de Oseias*. 1961: p. 158.
296 KIDNER, Derek. *A mensagem de Oseias*. 1988: p. 87.
297 HUBBARD, David A. *Oseias: Introdução e comentário*. 2006: p. 193.
298 KIDNER, Derek. *A mensagem de Oseias*. 1988: p. 89.
299 WIERSBE, Warren W. *Comentário bíblico expositivo*. Vol. 4. 2006: p. 403.
300 FEINBERG, Charles L. *Os profetas menores*. 1988: p. 52.
301 CRABTREE, A. R. *O livro de Oseias*. 1961: p. 162,163.
302 REED, Oscar. *O livro de Oseias*. In *Comentário bíblico Beacon*. Vol. 5. 2005: p. 55.
303 FEINBERG, Charles L. *Os profetas menores*. 1988: p. 53.

Capítulo 12

Amor, tão grande amor
Oseias 11.1-11

ISRAEL NÃO É MAIS A ESPOSA INFIEL, mas o filho amado. Até esse capítulo, a ênfase do profeta foi a rebeldia de Israel, agora, sua ênfase recai no incondicional amor de Deus. Charles Feinberg reforça esta ideia quando diz que nos dez primeiros capítulos de Oseias, a ênfase está na desobediência do povo de Deus e seu consequente juízo inevitável, embora não faltem passagens que apresentem pormenores das bênçãos e glórias que aguardam um remanescente contrito e crente nos dias vindouros. Nos últimos quatro capítulos, entretanto, a nota dominante é o amor de Deus.[304]

Nenhum escritor bíblico transcendeu Oseias na descrição do caráter amoroso de Deus. Isso faz desse texto um dos mais sublimes de todo o Antigo Testamento. Oseias abre as cortinas do céu e nos revela o amor de Deus de forma singular. As entranhas de Deus se comovem. O coração de Deus está palpitando por seu povo. A despeito de sua rebeldia, infidelidade e idolatria, Deus jamais desistiu de amar o seu povo.

Derek Kidner chega a dizer que esse é um dos capítulos mais audaciosos do Antigo Testamento e talvez de toda a Bíblia ao apresentar a mente e o coração de Deus em palavras humanas.[305] O amor da aliança suplantou a lei da aliança, e prometeu-se misericórdia após o juízo. Deus é um pai que disciplina, mas também é compassivo e paciente.

Destacamos aqui algumas lições:

O amor incondicional de Deus (11.1-4)

O amor de Deus é incondicional. Sua causa não está no objeto amado, mas no próprio Deus. Ele amou Israel não por suas virtudes, mas apesar de seus deslizes. Amou Israel não porque era forte e numeroso, mas apesar de ser pequeno e fraco. Amou-o não porque Israel se voltava para Deus em arrependimento, mas a despeito de Israel ser inclinado a desviar-se dele.

Oseias faz um contraste entre o amor de Deus e a rebeldia de Israel. Destacamos primeiro o amor singular de Deus.

Em primeiro lugar, *o amor de Deus é o amor que escolhe* (11.1). "Quando Israel era menino, eu o amei..." Amar aqui significa escolher. O amor de Deus é um amor eletivo. Deus amou o seu povo quando ainda não era povo. Deus o escolheu quando Israel ainda estava apenas na mente de Deus como uma nação. É assim a eleição divina. Deus nos escolheu desde a eternidade. Escolheu-nos não porque viu algo em nós que o atraísse, mas escolheu-nos soberana, livre e graciosamente.

A promissora carreira de Israel (6.4; 9.10; 10.1,11; 13.1,4-6) surgiu mais devido à graça de Deus do que às suas boas qualidades, e o seu desaparecimento se deveu à sua completa perversidade, pois uma das ênfases de Oseias é que o pecado de Israel, longe de brotar da ignorância ou das dificuldades, foi a sua resposta à bondade e aos interesses do céu.[306]

Derek Kidner diz que a citação de Oseias 11.1 em Mateus 2.15 está longe de ser arbitrária. Israel, na sua infância, já estava separado para ser bênção suprema para o mundo e foi descrito a Faraó como "primogênito" de Deus (Êx 4.22). Pela providência de Deus ele se refugiou no Egito, mas teve de retornar à própria terra para atender a sua vocação. Portanto, embora fosse ameaçado de extinção por meio do massacre de seus filhinhos, foi milagrosamente salvo.

Não nos surpreende que Cristo, que resumiu em sua pessoa tudo o que Israel fora chamado para ser, fosse igualmente ameaçado e salvo; e, embora os detalhes difiram, os acontecimentos anteriores foram reencenados em sua essência, terminando com o Filho de Deus de volta à terra de Deus para cumprir a tarefa que lhe fora confiada.[307]

David Hubbard diz que Jesus é destacado como o Moisés maior. A relação da profecia do Antigo Testamento com o cumprimento no Novo é igual à da semente com a flor. O que é potencial na semente torna-se real na flor; temas latentes no Antigo Testamento desabrocham plenamente no Novo.

Uma corrida de revezamento proporciona outra ilustração. Os autores do Antigo Testamento, como Oseias, tomam seus temas da graça e da promessa divina e os passam adiante, como se passassem bastões aos corredores que os sucedem; os autores do Novo Testamento, como Mateus, estendem a mão para trás e tomam aqueles temas que atendem a seus propósitos, seguram-nos com firmeza e correm adiante carregando-os de forma a esclarecer e fortalecer a igreja.[308] Charles Feinberg interpreta essa profecia de Oseias 11.1 cumprindo-se em Mateus 2.15 assim: "Oseias chama a Israel 'meu filho' e Mateus chama ao Senhor Jesus 'meu filho'. A resposta encontra-se no modo maravilhoso em que Cristo se identifica com o seu povo, de sorte que sua posição é a deles e sua relação é a deles".[309]

Em segundo lugar, *o amor de Deus é o amor que liberta* (11.1b). "[...] e do Egito chamei o meu filho". O Deus que ama e escolhe é o Deus que chama e chama eficazmente. Aqui é recontada a história do êxodo. Israel não é um escravo, mas um menino amado, o filho de Deus. O mesmo Deus que formou um povo e o conduziu ao Egito agora o tira de lá com mão forte e poderosa. Deus quebrou os grilhões do seu povo, quebrou os ferrolhos de suas prisões e despedaçou as suas algemas. O êxodo foi uma intervenção milagrosa de Deus, arrancando o seu povo do cativeiro, assim como a cruz foi a nossa porta de libertação do cativeiro do pecado.

Em terceiro lugar, *o amor de Deus é o amor que protege* (11.3a). "Todavia, eu ensinei a andar a Efraim; tomei-os nos meus braços, mas não atinaram que eu os curava." Deus ensinou Efraim a andar e o tomou nos braços quando seus pés vacilaram. O mesmo Deus que libertou o povo da escravidão quando era menino agora o apruma e o carrega no colo em sua caminhada pelo deserto. O Deus da salvação é também o Deus da providência. Aquele que nos tira do cativeiro é o mesmo que nos ensina, protege e conduz em triunfo.

Em quarto lugar, *o amor de Deus é o amor que busca comunhão* (11.4a). "Atraí-os com cordas humanas, com laços de amor..." Deus não é um ser insensível, distante, indiferente. Ele escolhe, liberta, protege e anseia por relacionamento com o seu povo. Ele é como um amante que anseia pela sua amada. Ele se deleita em seu povo como o noivo se deleita em sua noiva.

Deus é completo em si mesmo. Ele é um ser totalmente feliz em si mesmo e consigo mesmo. Deus desfruta de plena e eterna comunhão intratrinitariana. Ele não deriva glória da sua criação nem depende dela para ser Deus. No entanto, ele criou todas as coisas para a sua glória e o nosso aprazimento e nos salvou com o fim de o glorificarmos e desfrutarmos dele para sempre. Deus procura adoradores que o adorem em espírito e em verdade. Ele se deleita quando o seu povo o adora. Ele anseia por comunhão!

Charles Feinberg registra as conhecidas palavras de Napoleão Bonaparte:

> Conta-se que Napoleão, o Grande, na Ilha de Santa Helena, disse ao general Bertrand: Olhe, Bertrand, conheço os homens; e digo-lhe que Jesus Cristo não é homem... Tudo com respeito a ele me assombra. Seu espírito apavora-me, e sua vontade me confunde. Não há comparação possível entre ele e qualquer outro ser no mundo. Ele é verdadeiramente singular... seu nascimento, e a história de sua vida, a profundeza de sua doutrina... seu evangelho... seu império, sua marcha através dos séculos – tudo isso é para mim uma maravilha, um mistério insolúvel... Embora eu me aproxime e examine de perto, tudo está acima de minha compreensão, grande com uma grandeza que me esmaga... Alexandre, César, Carlos Magno e eu fundamos impérios. Mas sobre o que repousaram as criações de nossos gênios? Sobre a força. Só Jesus Cristo fundou seu império sobre o amor; e nesta hora milhões morreriam por ele.[310]

Em quinto lugar, *o amor de Deus é o amor que alivia a bagagem* (11.4b). "[...] fui para eles como quem alivia o jugo de sobre as suas queixadas..." O amor de Deus não é apenas teórico. Porque ele nos ama, alivia a nossa bagagem. Porque anseia por nós, remove os nossos fardos. Porque nos atrai para si, tira de sobre nós o jugo pesado. O pecado é um jugo pesado. O pecado cansa. Contudo, a graça de Deus alivia a bagagem. O fardo de Cristo é leve. Ele veio para retirar o peso das nossas costas. Ele veio para nos trazer alívio.

Em sexto lugar, *o amor de Deus é o amor que serve* (11.4c). "[...] e me inclinei para dar-lhes de comer". O Deus soberano adorado e servido pelos anjos inclina-se para alimentar o seu povo como uma mãe carinhosa, como um pai solícito. Não obstante Deus estar assentado num alto e sublime trono e governar as nações, ele cuida do seu povo como uma ama terna e o serve como uma mãe que alimenta o filho do seu ventre.

Tendo destacado o amor incondicional de Deus, analisaremos como Israel respondeu a esse amor tão generoso. Há um profundo contraste entre o amor incondicional de Deus e a infidelidade incorrigível de Israel. Três pontos merecem destaque:

Primeiro, *Israel responde ao chamado divino com apostasia* (11.2). "Quanto mais eu os chamava, tanto mais se iam da minha presença..." Na mesma medida que Deus chamava Israel, Israel se afastava de Deus. A apostasia de Israel tornou-se crônica, sua rebeldia contumaz, sua dureza de coração incorrigível. David Hubbard destaca que o chamado pagão revelou-se mais forte do que o chamado divino, levando Israel a uma total capitulação diante dos ardis dos baalins.[311]

A. R. Crabtree diz que quanto mais o Senhor chamava esse povo, pela fidelidade amorosa do seu concerto, pela pregação dos profetas, pelas manifestações da sua providência carinhosa na sua história, tanto mais ele se afastava da presença divina, tanto mais se desorientava pelas influências do baalismo.[312] Charles Feinberg está correto quando diz que o distanciamento de Israel dos apelos dos profetas não era porque fosse buscar algo ou alguém melhor, não; o povo ia para os baalins e para as imagens de escultura.[313]

Derek Kidner diz que a familiaridade pode produzir o desrespeito, e o sucesso, a vaidade, agindo a pessoa como se as próprias dádivas que produzem a prosperidade não fossem dádivas, e o amor paciente de Deus fosse fraqueza.[314]

Segundo, *Israel responde ao amor divino com idolatria* (11.2b). "[...] sacrificavam a baalins e queimavam incenso às imagens de escultura". Em vez de voltar-se para Deus, que o escolheu, libertou e protegeu, Israel flertou com os deuses pagãos. Em vez de adorar o Deus vivo, Israel prostrou-se diante dos ídolos. Em vez de ser fiel a Deus, seu marido e pai, Israel prostituiu-se com os deuses dos povos. A idolatria foi o grande pecado de Israel. Em vez de ser luz para as nações, Israel ficou cego pelo paganismo dessas nações. Em vez de ser um instrumento nas mãos de Deus para a salvação dos povos, embruteceu-se pela idolatria dos povos.

Terceiro, *Israel responde ao cuidado divino com descaso* (11.3b). "[...] mas não atinaram que eu os curava". Deus tratou Israel como um filho tenro que precisou ser alimentado, protegido e treinado, mas o povo não reconheceu o cuidado paterno de Deus. Em vez de olhar para Deus como aquele que o curava de sua infidelidade, Israel ignorava a Deus e o tratava com desdém. Israel já não é mais uma criança. Como qualquer adolescente arredio e desdenhoso, esqueceu-se, nunca percebeu ou simplesmente não quer saber o quanto deve a esse relacionamento.[315]

A disciplina justa de Deus (11.5-7)

Desde o capítulo 7, com a descrição de Efraim esvoaçando entre o Egito e a Assíria como uma ave alvoroçada (7.11), cada capítulo citou um ou ambos desses grandes poderes como sendo a obsessão e queda de Efraim.[316] David Hubbard diz que o processo de Iavé contra o filho desobediente resultou num veredicto de condenação. Agora, a sentença está para ser pronunciada: invasão (11.6), exílio (11.5) e cativeiro penoso (11.7).[317]

O amor de Deus é incondicional, mas não irresponsável. Deus não é um pai bonachão. Quem ama disciplina. Quem não escuta a voz do amor recebe o chicote da disciplina. A disciplina não visa destruir o faltoso, mas restaurá-lo. A disciplina é um ato de amor responsável. Porque Israel foi rebelde, Deus precisou discipliná-lo por amor. Israel recusou-se a arrepender-se, de modo que a nação teve de ir para o cativeiro.[318] Destacamos aqui três verdades:

Em primeiro lugar, *onde não há conversão, é inevitável a escravidão* (11.5). "Não voltarão para a terra do Egito, mas o assírio será seu rei; porque recusam converter-se."

Israel perdeu a sua liberdade e a sua soberania nacional e foi levado para o cativeiro na Assíria. Suas cidades foram invadidas, saqueadas e dominadas. Suas famílias foram levadas cativas. Porque Israel não se voltou para Deus, foi levado para o cativeiro. A volta física ao cativeiro era certa a partir do momento em que se recusaram a voltar espiritualmente para Deus. Da mesma forma, a rejeição de Deus como rei terminaria não apenas com o desaparecimento dos reis que eles haviam escolhido em seu lugar, mas também com o governo de ferro de uma superpotência estrangeira.[319]

Charles Feinberg diz que a declaração de que o país não voltaria ao Egito parece contradizer passagens como 8.13 e 9.3. Contudo, nesses casos o Egito é representação típica de uma terra de escravidão, isto é, escravidão como a que sofreram no Egito. Sempre que voltavam ao Egito era para obter ajuda contra a Assíria (7.11), como haviam feito ao apelar para o rei Sô (2Rs 17.4) depois de rebelar-se contra a Assíria, a quem pagavam tributo desde o tempo de Menaém (2Rs 15.19). Não terão como ir para o Egito porque são cativos da Assíria. O profeta Oseias diz-lhes com muita clareza que não voltarão ao Egito para o qual olhavam e do qual dependiam; ao contrário, teriam sobre eles um rei assírio a quem não desejavam. Teriam como rei um assírio, visto que não queriam ter Deus como o seu rei.[320]

Em segundo lugar, *onde não há obediência, é inevitável a morte* (11.6). "A espada cairá sobre as suas cidades, e consumirá os seus ferrolhos, e as devorará, por causa dos seus caprichos." Israel tapou os ouvidos à voz dos profetas de Deus e rendeu-se aos caprichos do pecado. O resultado foi a espada do inimigo, a invasão de suas cidades e o cativeiro. Oseias passa a descrever a assolação que se instala nas cidades de Israel (11.6). Parece que elas foram escolhidas para a destruição militar (espada); suas fortificações haviam se tornado símbolos detestáveis de autoconfiança (8.14; 10.14), e seus palácios eram centros de maquinações religiosas e políticas.[321]

Em terceiro lugar, *onde não há fidelidade, é inevitável a quebra da aliança* (11.7). "Porque o meu povo é inclinado a desviar-se de mim; se é concitado a dirigir-se acima, ninguém o faz." Parece que qualquer versão é fraca para descrever as condições de Israel na véspera do cativeiro. É feito em vão qualquer apelo da parte dos profetas, ou qualquer chamada ao povo para levantar-se e dirigir-se ao Altíssimo.[322]

Israel não é um povo estranho, é o povo da aliança. É o povo de Deus. Não obstante essa estupenda verdade, sua inclinação não é para buscar a Deus, mas para desviar-se dele. Israel quebrou a aliança, aviltou o amor e revelou sua obstinada apostasia.

A compaixão inefável de Deus (11.8,9)

Como um marido traído, Deus não desistiu de amar o seu povo, e como um pai desprezado, Deus não desistiu de buscar compassivamente seu filho. A despeito da rebeldia de Israel, a compaixão de Deus pelo povo da aliança continuou inalterável. Não havia nada que o povo pudesse fazer para Deus amá-lo mais ou amá-lo menos. Concordo com Derek Kidner quando diz que não importa que agora o Senhor pareça totalmente levado pelo impulso e pela emoção: com tais palavras e expressões, estamos mais próximos do verdadeiro conhecimento de Deus do que com as definições frias da filosofia teológica.[323]

Esse texto descreve o conflito aparente entre a justiça e o amor do Senhor. Parece que é a maior declaração do amor do Senhor no Antigo Testamento. As várias declarações são exclamatórias, e não perguntas. Que podia fazer Deus para salvar o seu povo incorrigível? É aqui que entra a compaixão divina!

Destacamos três verdades sublimes:

Em primeiro lugar, *a compaixão de Deus não o deixa desistir do seu povo* (11.8). "Como te deixaria, ó Efraim? Como te entregaria, ó Israel? Como te faria como a Admá?

Como fazer-te um Zeboim? Meu coração está comovido dentro em mim, as minhas compaixões à uma se acendem."

Deus se apresenta como alguém que ama incondicionalmente e não pode desistir desse amor, mesmo sendo abandonado e rejeitado. As entranhas de Deus estão inflamadas pelo amor. O coração de Deus está comovido. Por essa razão, Israel não sofrerá o mesmo destino das cidades da campina, Admá e Zeboim, que foram destruídas com Sodoma e Gomorra (Dt 29.23). É por causa das misericórdias de Deus que Israel, no passado, e nós, no presente, não somos consumidos.

David Hubbard tem razão quando diz que a queixa divina manifestada nas perguntas autodirecionadas expõe a intensidade do amor da aliança em termos insuperáveis em todo o Antigo Testamento.[324] Warren Wiersbe diz que, de acordo com a lei de Moisés, um filho rebelde devia ser entregue às autoridades da cidade e apedrejado até a morte (Dt 21.18-21), mas como poderia Deus fazer isso com o seu filho amado, Israel? O que levou Deus a poupar Israel da destruição total? Não foi apenas sua profunda compaixão, mas também a fidelidade à sua aliança (11.9). A aliança de Deus com Abraão é incondicional e imutável; portanto, a nação de Israel foi preservada.[325]

Em segundo lugar, *a compaixão de Deus suplanta a sua ira* (11.9a). "Não executarei o furor da minha ira; não tornarei para destruir a Efraim..." O salário do pecado é a morte, mas na sua misericórdia, Deus suspende esse juízo e, movido por sua compaixão, concede graça ao seu povo em vez de condenação. Em vez de executar o seu furor e destruir o seu povo, Deus o ama, o restaura e o salva.

Em terceiro lugar, *o caráter compassivo de Deus é o refúgio do seu povo* (11.9b). "[...] porque eu sou Deus e não homem, o Santo no meio de ti; não voltarei em ira". Deus está no meio do seu povo, e por ser ele compassivo, o povo encontra em Deus refúgio em vez de destruição. É no caráter santo e compassivo de Deus que o povo da aliança encontra esperança de livramento e salvação. É bem verdade que nem todos os israelitas retornaram do cativeiro assírio. Houve, porém, um remanescente que arriscou a sua sorte com Judá, e cujos descendentes voltaram com eles da Babilônia (1Cr 9.1-3) para fazer parte do Israel remanescente que vem ao nosso encontro no Novo Testamento na qualidade de ascendentes da igreja (Rm 11).[326]

A restauração providente de Deus (11.10,11)

O povo de Israel afastou-se de Deus; quanto mais era concitado a voltar-se para o Senhor, tanto mais se distanciava dele. Deus, então, aplicou sua disciplina, trazendo conquistadores que levaram o povo para o cativeiro. Mas a disciplina divina não visa à destruição do povo, mas à sua restauração. Deus não desistiu do seu povo. A infidelidade de Israel não anulou a fidelidade de Deus. Agora, o Senhor toma a iniciativa de restaurar o seu povo. Destacamos aqui algumas lições:

Em primeiro lugar, *Deus chama o seu povo do cativeiro com voz irresistível* (11.10). "Andarão após o SENHOR; este bramará como leão, e bramando, os filhos, tremendo, virão do Ocidente". A voz de Deus é como a voz do leão. Essa voz é irresistível. Diante do rugido do Todo-Poderoso, o povo que estava longe se volta para Deus e para a sua terra. Aqueles que se distanciavam de Deus agora andarão após o Senhor. Aqueles que estavam acomodados em terra estranha agora se desalojam e, tremendo, correm em direção ao Altíssimo.

Derek Kidner diz que não é fácil perceber que estágio da história essa passagem está examinando: se um dia intermediário, antes do rugido do leão, por exemplo, a queda da Babilônia, que trouxe um remanescente de Israel de volta a Jerusalém; ou a volta espiritual dos filhos de Deus dentre as muitas nações por ocasião da era do evangelho (Rm 9.25,26); ou, então, a grande volta de Israel ao Senhor, que é profetizada em Romanos 11.12,25,26. O certo é que o acontecimento final irá muito além de nossa mais sábia ideia e de nossa mais ousada expectativa.[327]

Em segundo lugar, *Deus tira o seu povo das mãos dos seus inimigos para trazê-lo em segurança para a sua terra* (11.11). "[...] tremendo virão, como passarinhos os do Egito, e como pombas os da terra da Assíria, e os farei habitar em suas próprias casas, diz o SENHOR." Israel deixa de ser uma pomba enganada que vive esvoaçando entre o Egito e a Assíria para voltar em segurança para a própria terra.

Derek Kidner diz que a pomba enganada (7.11), sempre esvoaçando entre o Egito e a Assíria, ficará farta de ambos e das terras de além-mar, sentindo-se grata por ter o próprio ninho.[328] Deus abre a porta do cativeiro e abre os olhos da alma do seu povo para ele perder o encanto com essas nações e voltar para casa. Como pássaros libertos de suas gaiolas, ao ouvir o rugido do leão, o povo de Israel voará rapidamente para a sua terra, e Deus o fará "[...] habitar em suas próprias casas" (11.11).[329]

Em terceiro lugar, *Deus restaura o seu povo, atraindo-o para si mesmo* (11.10a). "Andarão após o SENHOR..." Israel volta-se não apenas para a sua terra, mas sobretudo para o Senhor. Eles buscam não apenas uma pátria, mas o seu próprio Deus. O Senhor restaura não somente a soberania nacional de Israel, mas a vida espiritual do povo de Israel.

Essa volta para Deus aconteceu no retorno dos cativeiros assírio e babilônico, na volta da casa israelita para Deus, mas culminará quando todo o Israel for salvo.

NOTAS DO CAPÍTULO 12

[304] FEINBERG, Charles L. *Os profetas menores*. 1988: p. 53.
[305] KIDNER, Derek. *A mensagem de Oseias*. 1988: p. 90.
[306] KIDNER, Derek. *A mensagem de Oseias*. 1988: p. 91.
[307] KIDNER, Derek. *A mensagem de Oseias*. 1988: p. 92.
[308] HUBBARD, David A. *Oseias: Introdução e comentário*. 2006: p. 202.
[309] FEINBERG, Charles L. *Os profetas menores*. 1988: p. 53.
[310] FEINBERG, Charles L. *Os profetas menores*. 1988: p. 54,55.
[311] HUBBARD, David. *Oseias: Introdução e comentário*. 2006: p. 200.
[312] CRABTREE, A. R. *O livro de Oseias*. 1968: p. 165.
[313] FEINBERG, Charles L. *Os profetas menores*. 1988: p. 54.
[314] KIDNER, Derek. *A mensagem de Oseias*. 1988: p. 92.
[315] KIDNER, Derek. *A mensagem de Oseias*. 1988: p. 92.
[316] KIDNER, Derek. *A mensagem de Oseias*. 1988: p. 93.
[317] HUBBARD, David A. *Oseias: Introdução e comentário*. 2006: p. 203.
[318] WIERSBE, Warren W. *Comentário bíblico expositivo*. Vol. 4. 2006: p. 406.
[319] KIDNER, Derek. *A mensagem de Oseias*. 1988: p 94.
[320] FEINBERG, Charles L. *Os profetas menores*. 1988: p. 55.
[321] HUBBARD, David A. *Oseias: Introdução e comentário*. 2006: p. 203.

[322] CRABTREE, A. R. *O livro de Oseias.* 1968: p. 169.
[323] KIDNER, Derek. *A mensagem de Oseias.* 1988: p. 94.
[324] HUBBARD, David A. *Oseias: Introdução e comentário.* 2006: p. 197.
[325] WIERSBE, Warren W. *Comentário bíblico expositivo.* Vol. 4. 2006: p. 406.
[326] KIDNER, Derek. *A mensagem de Oseias.* 1988: p. 95.
[327] KIDNER, Derek. *A mensagem de Oseias.* 1988: p. 96.
[328] KIDNER, Derek. *A mensagem de Oseias.* 1988: p. 95.
[329] WIERSBE, Warren W. *Comentário bíblico expositivo.* Vol. 4. 2006: p. 406.

Capítulo 13

Quando a graça é tratada com obstinação
Oseias 11.12–12.14

OSEIAS ACABARA DE FALAR de forma eloquente sobre o amor de Deus, no capítulo 11; mas como um filho ingrato, Israel respondeu a esse amor com descaso. Em vez de colocar os pés na estrada do arrependimento, o povo da aliança enveredou pelos labirintos da requentada obstinação. Em vez de acolher a bondosa providência divina com gratidão, rechaçou a graça com ingratidão.

Destacamos quatro pontos para a nossa reflexão:

Uma história de enganos e mentiras (11.12–12.2)

Diante da multiforme providência divina de amar o seu povo, arrancá-lo da escravidão, protegê-lo no deserto, introduzi-lo na terra prometida e anunciar-lhe restauração, Efraim, longe de voltar-se para Deus, quebrantado e grato, cercou-o por meio de mentiras e enganos. Destacamos, aqui, alguns pontos acerca dessa rebeldia crônica de Efraim.

Em primeiro lugar, *um povo rendido ao engano e à mentira* (11.12). "Efraim me cercou por meio de mentiras, e a casa de Israel com engano; mas Judá ainda domina com Deus, e é fiel com o Santo." Efraim e a casa de Israel são termos análogos. Trata-se das dez tribos do Reino do Norte. Esse povo está rendido à idolatria e à opressão. Estão errados quanto à teologia e quanto à ética. O relacionamento deles com Deus e com os homens está fora de foco. As relações vertical e horizontal estão erradas.

Derek Kidner diz que as mentiras e os enganos religiosos de 11.12 estão propositadamente ligados ao vazio interior e aos alvos fúteis de 12.1.[330] A religiosidade de Israel não passa de fachada. A devoção deles é uma mentira deslavada. A piedade deles é apenas uma fina camada de verniz. Seus rituais são somente um subterfúgio para esconder seus graves e hediondos pecados.

Com relação a Judá, o declínio foi mais lento do que em Israel. Judá era fiel, pelo menos no exterior, mantendo-se leal ao rei da linha davídica nomeado por Deus e sustentando o sacerdócio aarônico e seus sacrifícios.[331]

Em segundo lugar, *um povo que vive sem propósito* (12.1a). "Efraim apascenta o vento..." Apascentar o vento é correr atrás daquilo que é vão. É investir a vida naquilo que não faz sentido. É desperdiçar a vida no alvo errado.

Charles Feinberg diz que apascentar o vento é uma descrição da busca de coisas vazias e vãs, que não têm proveito algum.[332] Em vez de Efraim buscar a Deus, buscou fazer alianças com a Assíria e com o Egito. Em vez voltar-se para Deus, o seu libertador, correu para buscar abrigo nos braços do seu destruidor.

Corroborando esse pensamento, Harold Phillips diz que essa metáfora aponta para a política internacional de Efraim. Como o vento, eles eram instáveis, esvoaçando como uma pomba enganada ora para a Assíria, ora para o Egito.[333] Essa atitude insensata de Efraim de confiar no homem em vez de confiar em Deus foi a causa de sua bancarrota política e espiritual.

Em terceiro lugar, *um povo que caminha para o desastre* (12.1b). "[...] e persegue o vento leste todo dia..." O vento leste é o siroco, procedente do deserto da Palestina. É vento seco, escaldante, devastador, o vento quente do deserto que traz devastação. É uma referência à Assíria, que traria em suas asas a destruição do próprio Reino do Norte (5.13-15). Israel corria atrás do seu destruidor em vez de buscar o seu libertador. O azeite produzido abundantemente na Palestina é levado ao Egito na esperança falsa de conseguir seu auxílio. Israel tropeçou em sua desobediência. A causa de sua derrota não estava na força de seus adversários, mas na própria rebeldia. A ruína de Israel veio de si mesmo. Israel caiu pelos próprios pecados.

Em quarto lugar, *um povo que busca refúgio no lugar errado* (12.1c). "[...] multiplica mentiras e destruição, e faz aliança com a Assíria, e o azeite se leva ao Egito". Buscar refúgio no homem em vez de buscá-lo em Deus é loucura consumada. Buscar proteção em alianças políticas em vez de confiar em Deus foi o caminho do desastre para Efraim. Essas alianças com a Assíria (5.13; 7.11) e o Egito (2Rs 17.4; Is 30.6; 57.9) trouxeram-lhe opressão econômica e destruição de sua soberania nacional. A. R. Crabtree tem razão quando diz que Efraim é vergonhosamente falso com o Senhor quando confia no Egito e na Assíria, como a mulher é falsa com o seu marido quando ela se liga com outro homem.[334]

Foram essas falsas alianças que representaram a apostasia e a infidelidade de Israel. Concordo com David Hubbard quando diz que cortejar dois inimigos ao mesmo tempo não era apenas um ato de deslealdade para com Deus, mas um ato de loucura política, destinado a fazer cair sobre eles a ira das duas nações.[335] Oscar Reed tem razão quando diz que, no esforço de jogar uma nação contra a outra, Israel foi pego entre as duas.[336]

Em quinto lugar, *um povo que não aprende com os erros dos outros* (12.2). "O SENHOR também com Judá tem contenda, e castigará Jacó segundo o seu proceder; segundo as suas obras o recompensará." Judá teve momentos de altos e baixos. Quando reis piedosos subiam ao trono, a nação voltava-se para Deus; quando, porém, reis perversos como Acaz e Manassés assumiam o governo, a nação se desviava das veredas do Senhor e chafurdava-se na idolatria. O Reino do Sul, Judá, não escapa das advertências divinas. Por não ter aprendido com os erros do Reino do Norte, Deus entra em contenda também contra o Reino do Sul. Quem não aprende com os erros da história está fadado a repeti-los. A história será nossa pedagoga ou a nossa coveira.

Uma história de penitência e conversão (12.3-6)

O profeta Oseias vai buscar no passado uma explicação para as mentiras crônicas vividas por Israel e Judá. Sem detença evoca a figura do seu ancestral comum, o patriarca Jacó. Ele foi um suplantador. Ele mentiu em nome de Deus para o seu pai e enganou o seu irmão. Ele passou muitos anos de sua vida sem ter uma experiência real com Deus. Contudo, houve um tempo em que Jacó se voltou para Deus, arrependido e quebrantado, e foi nessa volta para Deus que ele encontrou a vitória.[337] Oseias, então, faz um contraste profundo entre a atitude do ancestral Jacó e a atitude de Israel, que se mantinha rebelde e obstinado contra Deus.

Destacamos alguns pontos sobre a vida de Jacó:

Em primeiro lugar, *um homem enganador* (12.3a). "No ventre pegou do calcanhar de seu irmão..." O filho mais moço de Isaque e Rebeca nasceu segurando o calcanhar do seu irmão Esaú; por isso, recebeu o nome de Jacó (Gn 25.26), cujo significado é suplantador, enganador, mentiroso. Ele enganou seu pai e seu irmão. Sua vida, por muitos anos, foi um retrato do seu nome. Esaú fez questão de acentuar esse fato ao ser enganado por Jacó (Gn 27.36).

Em segundo lugar, *um homem resistente à mudança* (12.3b). "[...] no vigor da sua idade lutou com Deus". Não foi Jacó quem iniciou essa luta, mas Deus. É o homem quem toma a iniciativa de afastar-se de Deus, mas é Deus quem toma a iniciativa de trazer o homem de volta para si. Nessa luta no vau de Jaboque, Jacó não queria ceder. Ele mediu força com força, poder com poder, destreza com destreza. Derek Kidner tem toda razão quando diz que a transformação de Jacó não tem origem em sua própria iniciativa, mas na de Deus, revelada muito antes em Betel (Gn 28.10-22), naquela clássica demonstração de graça inesperada, não solicitada e irresistível.[338]

Em terceiro lugar, *um homem que prevalece pela fraqueza, e não pela força* (12.4a). "[...] lutou com o Anjo, e prevaleceu..." O anjo que lutou com Jacó era uma teofania. Trata-se do próprio Deus pré-encarnado. Diante da resistência de Jacó, o Senhor toca-lhe na articulação da coxa e o deixa manco. Jacó, então, agarra-se ao Senhor e lhe diz: "Eu não te deixarei ir se tu não me abençoares". O Senhor então lhe pergunta: "Qual é o teu nome?" Essa não era uma pergunta óbvia. Anteriormente também Isaque havia lhe feito a mesma pergunta, e Jacó mentiu, dizendo: "Eu sou Esaú". Agora, o Senhor o confronta, e ele responde: "Eu sou Jacó". Aquela não foi apenas uma resposta, mas uma confissão. Ele admitiu ser um enganador, e foi nesse momento, em que ele reconheceu seu pecado e o confessou, que Deus mudou seu nome, sua vida e o abençoou. Jacó prevaleceu não por sua força, mas por sua fraqueza. Só os humildes serão exaltados!

Em quarto lugar, *um homem que se arrepende com lágrimas e súplicas* (12.4b). "[...] chorou, e lhe pediu mercê..." Jacó é colocado aqui em total contraste com Efraim. Enquanto a nação cercava Deus com enganos e mentiras, o pai da nação voltou para Deus com lágrimas e arrependimento. Warren Wiersbe diz corretamente que ao longo da maior parte de sua vida, Jacó lutou consigo mesmo, com outros e com o Senhor, e só passou a andar verdadeiramente pela fé quando se rendeu a Deus em Jaboque. Deus teve de discipliná-lo a fim de fazer que se entregasse.[339]

Jacó prevaleceu diante de Deus com choro, e não com mentira. Jacó foi salvo quando quebrantou-se e clamou por misericórdia, e não quando orgulhosamente justificou os próprios pecados. Quando uma criança entra no mundo, seu sinal de vida é o choro. Quando um coração endurecido é quebrado, e quando os olhos da alma são abertos para a nova vida em Cristo, o choro do arrependimento sincero explode como sinal de genuína conversão.[340]

Em quinto lugar, *um homem encontrado por Deus na casa de Deus* (12.4c,5). "[...] em Betel achou a Deus e ali falou Deus conosco. O Senhor, o Deus dos Exércitos, o Senhor é o seu nome". Jacó achou a Deus em Betel porque Deus se revelou a ele. Revelou-se não porque ele o buscava, mas apesar de estar fugindo. Em Betel há dois momentos decisivos na vida de Jacó.

O primeiro deles aconteceu quando Jacó fugiu de Esaú. Ali Deus se revelou a ele como o Deus de seu avô e de seu pai, mas não como o Deus da sua vida (Gn 28.10-22). Ali Deus lhe fez promessas e lhe revelou o seu cuidado. O segundo momento decisivo na vida de Jacó em Betel foi quando Jacó estava em apuros, depois de uma atrocidade cometida por seus filhos. Ali Jacó levantou um altar ao Senhor, e Deus restaurou a vida e lhe deu livramento de seus inimigos (Gn 35.1-7).

Em Betel, Jacó procurou purificar sua família de toda idolatria, porém, nesse mesmo santuário Israel estabeleceu cultos e práticas contaminadoras. Israel transformou Betel, casa de Deus, em Bete-Áven, casa da perversidade, um lugar de idolatria. Foi Deus que Jacó encontrou em Betel, e não um bezerro de ouro (10.5; 13.2). Em Betel, Jacó levantou altar a Deus, mas nesse mesmo lugar Efraim prostrou-se diante dos ídolos.

Em sexto lugar, *uma convocação solene à conversão* (12.6). "[...] converte-te a teu Deus, guarda o amor e o juízo, e no teu Deus espera sempre." Depois de dar o exemplo do ancestral Jacó, Oseias volta as baterias para Israel e convoca o povo a uma volta para Deus. Em face da maneira pela qual Deus lidou com o grande ancestral deles e da graça que lhe estendeu, são eles exortados a converter-se ao Senhor – guardar a bondade e a justiça, inclusive os deveres para com o homem, e esperar no seu Deus, abrangendo os deveres para com Deus.[341] À semelhança de Miqueias (6.8), Oseias diz que o povo precisa voltar-se para Deus e para o próximo. Não apenas o relacionamento com Deus estava errado, mas também o relacionamento uns com os outros precisava ser corrigido.

Uma história de injustiças e endurecimento (12.7-9)

Efraim, em vez de imitar Jacó, imitou os povos cananitas. Em vez de voltar-se para Deus, fez do lucro ilícito o próprio deus. Destacamos aqui algumas lições:

Em primeiro lugar, *o pecado das práticas comerciais desonestas* (12.7a). "Efraim, mercador, tem nas mãos balança enganosa..." A palavra *mercador* é uma tradução da palavra *cananita*. Com uma rajada repentina, o profeta apelida de "Canaã" os seus contemporâneos mercenários.[342]

Oseias aponta Efraim como sucessor legítimo dos antigos e corruptos habitantes da terra. Os povos cananitas, ou fenícios, eram os grandes mercadores da época (Is 23.11; Ez 17.4). Eram conhecidos por sua ganância e trapaças. O próprio Homero designava os fenícios de "amantes do dinheiro".[343] Eles sentiam orgulho de sua esperteza comercial. Eles se ufanavam quando aplicavam golpes financeiros em suas transações comerciais. Efraim, longe de reprovar essa prática do roubo e da desonestidade, imitou-a.

O profeta Amós, contemporâneo de Oseias, de igual modo denunciou o uso de balanças enganosas (Am 8.5,6). Balança enganosa é abominação para o Senhor (Pv 11.1). Essa prática é uma coisa má aos olhos de Deus (Pv 20.23).

Deus abomina a injustiça. A balança enganosa é uma fraude abominável para Deus. O lucro desonesto é um atentado contra o próximo e um insulto a Deus. O profeta

Oseias desmascara a ganância criminosa de Efraim, dizendo que ele usa tanto a balança enganosa (fraude secreta) como ama a opressão (violência aberta).

Em segundo lugar, *o pecado do amor à opressão* (12.7b). "[...] e ama a opressão". Uma coisa é oprimir alguém ocasionalmente; outra bem diferente é amar a opressão. Efraim estava num estágio avançado de seu descalabro moral. O amor ao lucro endureceu-lhe o coração para o próximo. Via as pessoas como objetos a serem explorados; e para alcançar esse nefasto intento, estava disposto a oprimir e até mesmo a matar. O Reino do Norte havia se transformado numa horda de ladrões e salteadores (4.1,2). A roubalheira institucionalizada acontecia à luz do dia.

Em terceiro lugar, *o pecado da ética jesuítica* (12.8a). "[...] mas diz: Contudo me tenho enriquecido, e adquirido grandes bens..." A ética adotada por Efraim foi a mesma adotado pelos jesuítas muitos séculos depois. Essa ética pode ser sintetizada assim: os fins justificam os meios. Qualquer opressão ao próximo justificava-se, desde que eles conseguissem amealhar mais riquezas. O enriquecimento a qualquer custo era a razão maior da vida deles. O lucro imoral e ilícito era o vetor que governava a sua ética.

Para os israelitas do tempo de Amós e Oseias, as riquezas eram provas tangíveis das bênçãos do Senhor. Eles tinham pervertido o seu conceito do Senhor pela influência dos cananeus, e assim corromperam a ética da justiça da revelação divina na infidelidade para com o Senhor.[344]

David Hubbard diz que o comerciante trapaceiro não é identificado apenas no versículo 8, mas também é levado a testemunhar contra si mesmo (2.5,12; 10.3) com uma arrogância tão tola quanto perniciosa. Ele alega ter-se enriquecido. A arrogância, que é uma autoacusação, prossegue até o final do versículo 8, selando sua vanglória com uma afirmação de inocência e impunidade.[345]

Em quarto lugar, *o pecado do embotamento espiritual* (12.8b). "[...] em todos esses meus esforços não acharão em mim iniquidade alguma, nada que seja pecado". Efraim, além de prostrar-se no altar de Mamom e adorar o dinheiro, cometeu mais dois graves pecados. O primeiro foi pensar que a prosperidade era resultado de seus próprios empreendimentos. O segundo foi a incapacidade de reconhecer seu pecado. Pior do que pecar é não reconhecer o pecado. Esse é um estágio mais avançado, o estágio do entorpecimento.

É impossível haver arrependimento onde não há consciência de pecado. Efraim não percebia seu erro nem se esforçava por emendá-lo. Quanto mais prosperava economicamente, tanto mais cego espiritualmente ficava. Efraim pensava que seu próprio sucesso era prova de que nada havia de errado, e errados estavam os profetas que o denunciavam. Efraim tinha confiança em sua integridade e vangloriava-se de que ninguém poderia encontrar iniquidade nele que recebesse o rótulo de pecado.[346]

Em quinto lugar, *a disciplina restauradora* (12.9). "Mas eu sou o SENHOR teu Deus desde a terra do Egito; eu ainda te farei habitar em tendas, como nos dias da festa." Charles Feinberg olha para esse texto como um sinal do favor de Deus. Não obstante o pecado da nação, por sua exclusiva graça, Deus relembra ao povo que assim como o tirou da escravidão do Egito, ainda lhe dará um tempo de restauração, como nos tempos em que habitavam em tendas, nas alegres festas da Páscoa, das Semanas e do Tabernáculo (Dt 16.13-17). O autor destaca ainda que era especialmente jubilosa a estação de habitar em tendas, porque a colheita fora ajuntada, e o cuidado de Deus era a todos manifesto.[347]

A maioria dos comentaristas bíblicos, porém, olha esse texto como uma advertência que aponta para a disciplina de Deus, tirando de Israel suas fortunas para humilhá-lo e reduzi-lo a um povo nômade, forçado novamente a habitar em tendas como em sua peregrinação pelo deserto.[348]

Uma história de graça e juízo (12.10-14)

O povo de Israel pecou, mas não inadvertidamente. Deus lhe enviou seus profetas para ensiná-lo, exortá-lo e corrigi-lo. Em vez de Israel, porém, dar guarida à voz de Deus, aprofundou-se ainda mais na transgressão. Destacamos aqui alguns pontos:

Em primeiro lugar, *Deus fala ao povo por intermédio de seus profetas* (12.10). "Falei aos profetas, e multipliquei as visões; e, pelo ministério dos profetas, propus símiles." A profecia é uma prova insofismável do amor de Deus por seu povo. Os profetas foram arautos de Deus a chamar o povo ao arrependimento e apontar-lhe o caminho da salvação. Antes de anunciar a chegada do juízo, Deus fez soar a trombeta da advertência.

Deus não deixou seu povo sem amparo e sem orientação. Como tinha levantado Moisés para seu mensageiro na libertação e na eleição de Israel, o Senhor cumpriu a promessa (Dt 18.15) de levantar profetas para aconselhar e orientar o seu povo. Assim Deus levantou, preparou e inspirou profetas para falar ao povo e explicar-lhe de várias maneiras o significado da sua história, interpretar-lhe a orientação do Senhor nas lutas políticas e sociais e admoestá-lo dos perigos da corrupção pelas religiões sensuais das nações.[349]

Em segundo lugar, *Deus condena a falsa religião do povo* (12.11). "Se há em Gileade transgressão, pura vaidade são eles; se em Gilgal sacrificam bois, os seus altares são como montões de pedra nos sulcos dos campos." Gileade e Gilgal ficavam em lados opostos do rio Jordão. Esses lugares, que deveriam ser centros de adoração a Deus, haviam se transformado em redutos de idolatria. O povo sacrificava aos ídolos em vez de adorar a Deus. A prática religiosa deles era apenas para acumular seus pecados aos olhos do Altíssimo. Eles multiplicavam altares para pecar.

Em terceiro lugar, *Deus denuncia a ingratidão do povo* (12.12,13). "Jacó fugiu para a terra da Síria, e Israel serviu por uma mulher, e por ela guardou o gado. Mas o Senhor por meio dum profeta fez subir a Israel do Egito, e por um profeta, foi ele guardado."

Oseias contrasta novamente a atitude de Jacó com a postura do povo, porque mesmo nas horas de dificuldade Jacó confiou no Senhor. A menção do serviço para obter uma esposa pode ter em mira lembrar o truque aplicado por Labão a Jacó. A despeito disso, a fé que Jacó depositava no Senhor não vacilou. Qual foi, porém, o caso com Israel, seus descendentes? Deus os tirou do Egito de um modo jamais feito antes, e depois disso nunca repetido. Porém, depois de liberto dessa escravidão, ingratamente, Israel não quis seguir ao Senhor.[350]

Em quarto lugar, *Deus pronuncia o seu juízo contra o povo* (12.14). "Efraim mui amargamente o provocou à ira; portanto, o Senhor deixará ficar sobre ele o sangue por ele derramado e fará cair sobre ele o seu opróbrio." Em vez do cuidado de Deus despertar a gratidão em seu povo, este ainda mais o provocou à ira. Em razão disso, o juízo tornou-se inevitável, uma vez que o privilégio da aliança só durava enquanto durasse a submissão à aliança.[351] Deus não removeria de Efraim a culpa do derramamento de sangue. Deus julgou o seu povo tanto pela sua idolatria quanto pela opressão. O que eles fizeram de mal caiu sobre a própria cabeça.

Concordo com Derek Kidner quando diz que é ainda mais fatal dispor de profecia e não levá-la em conta. Essa foi a "provocação" de Efraim. Esse é o maior perigo em que cai uma nação, igreja ou indivíduo.[352]

NOTAS DO CAPÍTULO 13

[330] KIDNER, Derek. *A mensagem de Oseias*. 1988: p. 97.
[331] FEINBERG, Charles L. *Os profetas menores*. 1988: p. 57.
[332] FEINBERG, Charles L. *Os profetas menores*. 1988: p. 57.
[333] PHILLIPS, Harold Cooke. *The book of Hosea*. In *The interpreter's Bible*. Vol. 6. Abingdon Press. Nashville, TN. 1956: p. 693.
[334] CRABTREE, A. R. *O livro de Oseias*. 1968: p. 175.
[335] HUBBARD, David A. *Oseias: Introdução e comentário*. 2006: p. 213.
[336] REED, Oscar. *O livro de Oseias*. In *Comentário bíblico Beacon*. Vol. 5. 2005: p. 57.
[337] MACDONALD, William. *Believe's Bible commentary*. 1995: p. 1.103.
[338] KIDNER, Derek. *A mensagem de Oseias*. 1988: p. 99.
[339] WIERSBE, Warren W. *Comentário bíblico expositivo*. Vol. 4. 2006: p. 407.

340 LOPES, Hernandes Dias. *Quatro homens, um destino.* Editora Hagnos. São Paulo, SP. 2007: p. 87.
341 FEINBERG, Charles L. *Os profetas menores.* 1988: p. 59.
342 FEINBERG, Charles L. *Os profetas menores.* 1988: p. 59.
343 FEINBERG, Charles L. *Os profetas menores.* 1988: p. 59.
344 CRABTREE, A. R. *O livro de Oseias.* 1968: p. 182,183.
345 HUBBARD, David A. *Oseias: Introdução e comentário.* 2006: p. 220.
346 FEINBERG, Charles L. *Os profetas menores.* 1988: p. 59.
347 FEINBERG, Charles L. *Os profetas menores.* 1988: p. 60.
348 Escritores como Derek Kidner, David Hubbard, A. R. Crabtree, e Warren Wiersbe, Harold Phillips e Oscar Reed subscrevem essa interpretação.
349 CRABTREE, A. R. *O livro de Oseias.* 1968: p. 184.
350 FEINBERG, Charles L. *Os profetas menores.* 1988: p. 61.
351 HUBBARD, David A. *Oseias: Introdução e comentário.* 2006: p. 225.
352 KIDNER, Derek. *A mensagem de Oseias.* 1988: p. 102.

Capítulo 14

Quando o castigo torna-se inevitável
Oseias 13.1-16

A IDEIA COM A QUAL O PROFETA encerrou o capítulo 12 continua no capítulo 13. Efraim está prestes a colher os frutos da sua semeadura. O juízo inescapável está às portas. O povo tapou os ouvidos a todas as trombetas de Deus. Agora, o castigo é inevitável. Derek Kidner diz que este é o clímax das profecias de Oseias sobre o juízo, mas não o apogeu do livro.[353]

Na antessala do juízo, Oseias destaca cinco verdades solenes, que merecem a nossa reflexão:

A apostasia desemboca em tragédia (13.1-3)

A grandeza de Efraim é dissipada, porque sua fidelidade a Deus foi abandonada.

O sucesso sem Deus é fracasso irremediável. Três verdades são aqui mencionadas por Oseias:

Em primeiro lugar, *uma solene acusação* (13.1). "Quando falava Efraim, havia tremor; foi exaltado em Israel, mas ele se fez culpado no tocante a Baal, e morreu." Efraim se tornara a mais numerosa e poderosa das doze tribos e chegou a representar toda a nação do norte. Esse uso ocorre 36 vezes no livro. Aqui, entretanto, o uso do termo *Efraim* não é interpretado como todo o Reino do Norte, mas como a sua maior e principal tribo.[354]

Essa tribo era respeitada. Quando falava, era ouvida, e todos tremiam. Os homens respeitavam o seu poder e o seu prestígio. Efraim exercia um temível impacto sobre os outros, a ponto de existir tremor entre eles quando Efraim falava.[355] No auge de sua glória, tudo quanto Efraim tinha de fazer era falar, e os homens estremeciam.

Efraim era uma das mais importantes tribos de Israel. O grande líder Josué, bem como o rei Jeroboão I, procederam da tribo de Efraim. O tabernáculo foi colocado em Siló, que ficava em Efraim. Depois da morte do rei Saul, os efraimitas recusaram-se a submeter-se ao governo de Davi. Quando o Reino do Norte foi estabelecido, os efraimitas eram tão poderosos que o reino foi chamado pelo nome de sua tribo.

Em vez de manter-se fiel a Deus e ser grato por tão grande honra recebida, Efraim trocou Deus por Baal. Com os seus recursos materiais e o seu prestígio político, Efraim esqueceu-se de Deus, a fonte do seu poder.[356] Sua idolatria, longe de promovê-lo, foi a causa de sua morte espiritual. Seu poder foi destruído e quebrado. A. R. Faussett tem razão quando diz que, aos olhos de Deus, o pecado tem dentro de si mesmo, o germe da morte.[357]

Derek Kidner está certo quando diz que, se há sobre o destino humano algo com que a história quase consegue nos atordoar, é a instabilidade do homem. Os historiadores podem apontar diversos motivos econômicos, políticos e outros para explicar as mudanças que transformam os gigantes de uma época nas insignificâncias de outra. Aqui, nem as mudanças de poder no estrangeiro nem as dissensões internas foram responsabilizadas pelo triste estado de Efraim, mas sim uma mudança bem interior e mais sutil dentro da mente: do Senhor para Baal. Àquela altura, Efraim "morreu", assim como acontecera com Adão, embora, à semelhança de Adão, continuasse vivendo, de acordo com todas as aparências externas.[358]

David Hubbard faz uma síntese desse envolvimento de Efraim com Baal nos seguintes termos:

> Caso se faça necessária uma circunstância histórica específica que explique o fato de Efraim ter caído da graça e da glória, ela poderia ser a ocasião em que Jeroboão I apossou-se do trono das tribos do Norte, cerca de duzentos anos antes, e prontamente estabeleceu santuários rivais de Jerusalém, nos quais Baal passou a ser adorado na forma do bezerro de ouro (1Rs 12.16,26-30). Acabe e Jezabel alimentaram as chamas do baalismo até que Eliseu e Jeú as apagaram com vingança (2Rs 9–10). Jeroboão II e seus sucessores parecem ter soprado as brasas quase apagadas, dando-lhe nova vida, como as páginas de Oseias descrevem a situação. Embora as invasões e deportações assírias tenham mudado para sempre a vida das tribos do norte, a adoração a Baal sobreviveu até a sua rendição a Nabucodonosor em 586 a.C, conforme atestam os discursos de Jeremias (Jr 7.9; 9.13; 11.13,17; 32.29,35).[359]

Em segundo lugar, *um açodado agravante* (13.2). "Agora pecam mais e mais, e da sua prata fazem imagens de fundição, ídolos segundo o seu conceito, todos obra de artífices, e dizem: Sacrificai a eles; homens beijam bezerros." Efraim dedicou seus melhores tesouros e empregou seus melhores artistas para se especializarem na fabricação de ídolos.

A idolatria cegou-lhes os olhos espirituais. Eles se aprofundaram na prática do pecado e se prostraram diante de ídolos que eles mesmos fabricaram. Em vez de adorar a Deus, eles beijavam, em gesto de adoração, os bezerros de ouro que eles próprios haviam cinzelado. Oscar Reed diz que o absurdo dessa ação, como ato de adoração, foi retratado com sarcasmo pelo profeta.[360]

David Hubbard diz que a obra de um artífice é elevada à condição divina; seres humanos sacrificam sua prole a um objeto de metal, de cuja forma inerte também imploram ajuda; pessoas apegam-se com devoção às imagens dos mesmos animais que usam para arar, debulhar e transportar.[361]

A idolatria é uma consumada sandice. O homem se prostra diante daquilo que é menor do que ele, feito por ele. Os ídolos são impotentes; não podem livrar. Os ídolos não têm vida, mas matam. Atrás deles estão os demônios, ainda que eles nada sejam.

A. R. Crabtree está coberto de razão quando diz que a fabricação de imagens pode ser lucrativa para os fabricantes (At 19.23-28), mas sempre corrompe a religião espiritual. A idolatria de Israel, ligada com o culto a Baal, representava infidelidade para com o Senhor dos israelitas e trouxe sobre eles a destruição completa do seu reino.[362]

Em terceiro lugar, *a sentença inevitável* (13.3). "Por isso serão como nuvem de manhã, e como orvalho que cedo passa, como palha que se lança da eira, e como fumo que sai por uma janela." O resultado da idolatria é o desvanecimento inevitável. O juízo inevitável para tal adoração inútil é tornar-se igualmente inútil, isto é, desvanecer. O fundamental é que a idolatria traz o próprio castigo: você adora o nada; obtém o nada; acaba com nada.[363]

Oseias usa quatro figuras: nuvem, orvalho, palha e fumaça para enfatizar a realidade insofismável do desaparecimento de Efraim. Concordo com Charles Feinberg quando diz que todas essas coisas têm uma propriedade ou qualidade em comum: a transitoriedade.[364] A nuvem que se esboça no horizonte dissipa-se com o soprar do vento. O orvalho da manhã derrete com o calor do sol. A palha é levada pelo vento nas eiras erguidas no alto dos montes. A fumaça escapa pela janela e se perde na imensidão da atmosfera. Assim será o destino de Efraim por causa da sua apostasia.

Champlin cita com pertinência Harold Phillips: "O mal ganha batalhas, mas não pode ganhar a guerra. O tempo está ao lado da verdade. A verdade é uma rocha em meio à areia que afunda".[365]

A ingratidão deságua em desastre (13.4-8)

O profeta Oseias faz uma transição da apostasia de Efraim para a sua ingratidão. Efraim tinha suficiente conhecimento de Deus para adorá-lo e obedecê-lo. Deus era o seu único salvador. Deus libertou o seu povo do cativeiro. Guiou-o no deserto. Guardou-o de perigos. Alimentou-o com farta provisão. Deu-lhe por herança uma terra rica de provisão. Mas Israel virou as costas para Deus, ensoberbeceu seu coração e esqueceu-se do Senhor. Infelizmente, o povo não usou para a glória de Deus as bênçãos que recebeu dele.[366] Em síntese, o profeta apresenta aqui o contraste entre a futilidade da idolatria e a fidelidade para com o Senhor.[367]

Destacamos aqui três lições solenes:

Em primeiro lugar, *Efraim substituiu o Deus da aliança por Baal* (13.4,5). "Todavia, eu sou o SENHOR teu Deus desde a terra do Egito; portanto não conhecerás outro deus além de mim, porque não há salvador senão eu. Eu te conheci no deserto, em terra muito seca." Israel substituiu Deus por Baal não porque Deus lhe tenha sido desfavorável. Efraim se encantou com os deuses dos cananitas não porque vivia sem cuidado espiritual.

Na verdade, Efraim abandonou a Deus para beijar os bezerros de ouro a despeito de Deus lhe ter quebrado o jugo da escravidão, a despeito de Deus ter sido seu salvador e o ter amado, protegido e conduzido à terra da promessa através do *escaldante* e tórrido deserto. Concordo com Champlin quando diz que o monoteísmo bíblico não ensina apenas que há somente um Deus, mas ensina que o Deus único demanda a nossa adoração e lealdade. Ele é o guia e preservador do seu povo.[368]

Em segundo lugar, *Efraim substituiu o Deus das bênçãos pelas bênçãos de Deus* (13.6). "Quando tinham pasto eles se fartaram, e uma vez fartos ensoberbeceu-se-lhes o coração; por isso se esqueceram de mim." Efraim, ao receber as bênçãos de Deus, desprezou o Deus das bênçãos. Trocou Deus pelas suas bênçãos, o criador pela criatura. A prosperidade de Israel, longe de conduzir a nação a Deus pelos caminhos da gratidão, a fez soberba e a empurrou para o abismo da apostasia.

A prosperidade trouxe orgulho, e o orgulho, esquecimento de Deus. Efraim esqueceu-se de Deus, mas Deus não se esqueceu de Efraim nem de sua ingratidão.[369] Oseias destaca aqui a triste história da ingratidão humana, uma fraqueza de tantas pessoas e de tantas nações. Na adversidade, os homens se voltam para Deus, às vezes, confessando com vergonha a sua ingratidão no período da prosperidade. Nos tempos de aflição e sofrimento, Israel recorria ao Senhor, mas na prosperidade não entendia a fonte das suas bênçãos.[370]

Em terceiro lugar, *Efraim enfrenta Deus como seu destruidor, e não como seu salvador* (13.7,8). "Sou, pois, para eles como leão; como leopardo espreito no caminho. Como ursa, roubada de seus filhos, eu os atacarei, e lhes romperei a envoltura do coração; e como leão ali os devorarei, as feras do campo os despedaçarão." Porque Efraim desprezou o Deus da aliança como seu salvador, teve de enfrentar esse mesmo Deus como seu destruidor.

Aqueles que rejeitaram a graça de Deus tiveram de suportar o juízo de Deus. O pecado reverte a situação. O Deus da aliança é, agora, representado como os quatro animais do capítulo 7 de Daniel. Deus é apresentado como leão, como leopardo e como uma ursa roubada de seus filhotes. Esses animais ferozes foram mais tarde símbolos e emblemas dos grandes impérios que se levantariam no mundo (Babilônia, Medo-persa, Grego e Romano).

Israel foi destruído como nação por esses impérios, e eles foram a vara da ira de Deus para açoitar o seu povo. Um dos aspectos mais aterradores do juízo de Deus sobre o seu povo é que, quando ele, o Redentor, torna-se o opressor, não há absolutamente nenhuma ajuda a que se possa recorrer.[371]

David Hubbard é enfático quando escreve sobre esse juízo de Deus:

> Quando o problema era *a loucura da idolatria* – a atribuição de uma condição divina à obra de um artesão – o castigo manifestou-se em termos de fenômenos naturais, como nuvens que se vão, orvalho que passa e palha ou fumaça levadas pelo vento. O crime

virtualmente trouxe suas próprias penalidades, e não se descreveu nenhuma intervenção divina. Quando o crime é *o desprezo* diante da graça oferecida no êxodo e a rejeição pessoal de Deus, o castigo correspondente é uma destruição avassaladora, operada cena após cena por Iavé, que atacou Israel como um bando de animais selvagens.[372]

A confiança no braço da carne não pode salvar no dia da calamidade (13.9-11)

A destruição de Efraim não vem de fora, mas de dentro. Antes de Israel cair nas mãos de seus inimigos, tropeçou em seus próprios pecados. O crime maior, a grande loucura, foi a autoconfiança arrogante, expressa na confiança em ídolos fabricados pelos homens (13.1,2), em colheitas obtidas com a suposta ajuda de Baal (13.6) ou no domínio dos monarcas de Samaria (13.10,11).[373]

Destacamos, aqui, dois pontos:

Em primeiro lugar, *a autoconfiança em lugar da confiança em Deus é consumada loucura* (13.9). "A tua ruína, ó Israel, vem de ti, e só de mim o teu socorro." Israel confiou em si mesmo, em suas alianças políticas e nos seus ídolos feitos de ouro em vez de confiar em Deus. Por ter desprezado a Deus, seu salvador e socorro, caiu na rede da completa ruína. Concordo com Charles Feinberg quando diz: "A destruição de Israel origina-se do fato de que o povo está contra o Senhor, seu único socorro".[374]

Em segundo lugar, *a confiança nos reis da terra em vez da confiança no Rei dos reis é completa ruína* (13.10,11). "Onde está agora o teu rei, para que te salve em todas as tuas cidades? e os teus juízes, dos quais disseste: Dá-me rei e príncipes? Dei-te um rei na minha ira, e to tirei no meu furor."

Deus mesmo governava a nação de Israel, mas o povo pediu para Deus um rei, à semelhança das nações vizinhas.

O povo desprezou o governo de Deus para adotar o governo humano. Os governantes de Israel foram fracos, temporários e ineficientes. Era chegada a hora de Israel não ter mais rei algum, uma situação que persistiria por vários séculos.[375]

A monarquia foi uma permissão divina, e não um propósito divino. Tanto Saul, o primeiro rei do reino unido, quanto Jeroboão I, o primeiro das tribos do norte, foram dados ao povo não por vontade decisiva, mas por vontade permissiva de Deus. A troca de reis no Reino do Norte foi feita sem que Deus fosse consultado (8.4).

David Hubbard diz acertadamente que a monarquia como um todo foi estabelecida em circunstâncias ambíguas que ajudam a explicar a ira de Deus: o povo havia desconsiderado todos os seus perigos latentes, especialmente a concorrência que oferecia ao próprio reinado de Deus (1Sm 8.7).[376]

Deus lhes deu reis na sua ira e os tirou do trono em seu furor. Que resumo da monarquia em Israel! A. R. Crabtree reforça esse argumento dizendo que Deus dava os reis ao povo de Israel somente no sentido permissivo. Deus dava repetidamente à nação pecaminosa os seus reis e os retirava como castigo da sua teimosia. O profeta fala especialmente dos reis que ocuparam o trono de Israel em sucessão rápida por conspiração, porque foram principalmente estes que levaram a nação à ruína.[377]

Nessa mesma linha de pensamento, Oscar Reed diz que Israel exigiu um rei (1Sm 8.5), e Iavé o consentiu. Mas Oseias possivelmente está se referindo à sucessão de reis a partir de Jeroboão I, o primeiro rei de Israel, até Oseias, o rei da época da invasão. O governo teocrático da casa de Davi foi substituído por uma sucessão de autodenominados reis, que Iavé, no seu furor, permitiu governar para a própria destruição deles.³⁷⁸

Agora, esses reis não poderão salvar as cidades da invasão assíria. Esses reis são impotentes para socorrê-los no dia da calamidade. Confiar no braço da carne em vez de confiar em Deus é a mais consumada loucura.

O pecado não abandonado produz morte (13.12-14)

O pecado é maligno. Ele traz em si mesmo as sementes da morte. A. R. Crabtree diz que o pecado leva em seu bojo o próprio castigo.³⁷⁹ Onde ele reina, a carranca da morte se manifesta. Destacamos aqui três verdades:

Em primeiro lugar, *o perigo de acumular pecados* (13.12). "As iniquidades de Efraim estão atadas juntas, o seu pecado está armazenado." A liderança espiritual de Israel aprofundou-se na prática de excessos (5.2). Os seus príncipes amavam apaixonadamente a desonra (5.10). Efraim multiplicou altares para pecar (8.11). Efraim pecava mais e mais (13.2). Agora, o profeta diz que as iniquidades de Efraim estão atadas juntas, e o seu pecado está armazenado.

Moffatt traduziu assim esse versículo: "O seu pecado é mantido em estoque para ele". Em vez de confessar seus pecados e abandoná-los, Efraim acumulou combustível para a própria destruição. O processo está encerrado, e estão em mãos todas as provas. A retribuição divina é certa.³⁸⁰

A. R. Crabtree diz que a figura usada por Oseias baseia-se no costume de guardar dinheiro em sacos e escondê-lo num lugar seguro para preservá-lo (Jó 14.17). Os pecados de Israel são recolhidos, cuidadosamente embrulhados e guardados até o dia da retribuição.³⁸¹ Derek Kidner ainda elucida esse ponto ao dizer: "O pecado não perdoado de Efraim era como um bem guardado num armazém de problemas para o futuro".³⁸²

Em segundo lugar, *as consequências do pecado são inevitáveis* (13.13). "Dores de parturiente lhe virão: ele é filho insensato, porque é tempo e não sai à luz ao abrir-se da madre." Como uma mulher sofre inevitavelmente as dores do parto, assim Efraim sofreria as consequências do seu pecado. Como um filho que não tem forças para nascer, Israel não tem forças para romper com os próprios pecados para uma vida de liberdade. Charles Feinberg diz que as tristezas e os sofrimentos de uma mulher em trabalho de parto são repentinos e violentos. Se essas dores não cumprirem sua finalidade, resultam em morte. O mesmo ocorre com os castigos de Deus: se não resultam em arrependimento do pecador, levam-no à ruína.[383]

Em terceiro lugar, *quando Deus intervém, a morte não tem a última palavra* (13.14). "Eu os remirei do poder do inferno, e os resgatarei da morte: onde estão, ó morte, as tuas pragas? Onde está, ó inferno, a tua destruição? Meus olhos não veem em mim arrependimento algum."

Os comentaristas diferem radicalmente quanto à interpretação desse versículo 14. Muitos estudiosos interpretam esse versículo como uma ameaça, e não como uma promessa. É como se Efraim estivesse no corredor do julgamento e fora da capacidade de recuperação.[384]

Nosso entendimento, entretanto, é de que Oseias está falando de uma promessa, e não de uma ameaça. A despeito de Israel ser arrastado pelos seus pecados para a amarga escravidão; a despeito do Reino do Norte ser varrido do mapa e perder sua soberania nacional; a despeito da morte tragar o povo em sua rebeldia, Deus resgataria o remanescente desse cruel cativeiro, dando-lhe novamente bendita liberdade. Ainda que o castigo viesse com certeza, Deus não destruiria totalmente o seu povo.[385] Oseias usa com certa frequência esse método de introduzir promessas maravilhosas do amor do Senhor no meio de ameaças (1.10–2.1; 2.15-23; 3.5; 14.4-8).

Oseias vem relatando uma situação que poderia terminar em morte, e com frequência é o que acontece. Agora, o Senhor promete a morte da própria morte. A graça resplandece em meio a palavras de juízo. O Senhor, que ameaçou aparecer como leão, leopardo, urso e como outros animais ferozes, virá como Redentor, que redime do inferno e da morte os que nele confiam. Em meio à proclamação da sentença, Deus prediz que tem futuros propósitos de misericórdia e redenção.[386]

Mais tarde, o apóstolo Paulo citou esse versículo no apogeu da sua argumentação sobre a doutrina da ressurreição, mostrando que Jesus já venceu a morte em sua ressurreição (1Co 15.55). Porém, a morte, como o último inimigo a ser vencido, será lançada no lago de fogo (Ap 20.14) quando Jesus vier em sua majestade e glória.

Naquele glorioso dia receberemos um corpo imortal, incorruptível, poderoso, glorioso, espiritual e celestial, semelhante ao corpo da glória de Cristo. David Hubbard com razão diz que, na ressurreição de Cristo, cumpriram-se o resgate e a redenção que Deus pretendia para Israel. O Sheol e a morte foram derrotados. Quando agora convocados, aparecem não como atacantes que aterrorizam, mas como inimigos totalmente vencidos, dos quais se pode zombar.[387]

O sucesso sem Deus é completa ruína (13.15,16)

O sucesso de Efraim entre seus irmãos encheu seu coração de soberba. Sua riqueza não pôde socorrê-lo no dia da calamidade. Oseias chega ao clímax de sua descrição sobre o juízo que se abateria sobre Efraim e a cidade de

Samaria. A invasão dos assírios seria como uma tempestade de vento do deserto, trazendo em suas asas devastação dos recursos naturais e destruição das vidas humanas. A culpa de Samaria caiu sobre si mesma por ter abandonado a Deus. Dois pontos são destacados por Oseias:

Em primeiro lugar, *uma invasão militar que saqueia os recursos naturais* (13.15). "Ainda que ele viceja entre os irmãos, virá o vento leste, vento do SENHOR, subindo do deserto, e secará a sua nascente, e estancará a sua fonte; ele saqueará o tesouro de todas as coisas preciosas." O profeta Oseias descreve a invasão do exército assírio como o vento leste, o vento tórrido do deserto que faz secar as nascentes e estancar as fontes. Nessa invasão militar, todas as riquezas da nação seriam saqueadas pelos conquistadores.

Em segundo lugar, *uma invasão militar que mata as pessoas com requinte de crueldade* (13.16). "Samaria levará sobre si a sua culpa, porque se rebelou contra o seu Deus; cairá à espada, seus filhos serão despedaçados, e as suas mulheres grávidas serão abertas pelo meio." O cerco de Samaria e a sua invasão pelos assírios foram uma cena de horror. Os soldados assírios eram conhecidos por sua perversidade. Eles não respeitavam crianças nem mulheres grávidas. As pessoas foram mortas, e mortas com requinte de crueldade (10.14; 2Rs 13.16; 15.16; Am 1.13; Sl 137.9).

Notas do capítulo 14

[353] KIDNER, Derek. *A mensagem de Oseias*. 1988: p. 103.
[354] CHAMPLIN, Russell Norman. *O Antigo Testamento interpretado versículo por versículo*. Vol. 5. 2003: p. 3.474.
[355] HUBBARD, David. *Oseias: Introdução e comentário*. 2006: p. 227.
[356] CRABTREE, A. R. *O livro de Oseias*. 1968: p. 187.
[357] FAUSSETT, A. R. *Hosea*. In *The Bible classic commentary*. Crossway Books. Wheaton, IL. 1999: p. 751.
[358] KIDNER, Derek. *A mensagem de Oseias*. 1988: p. 104.
[359] HUBBARD, David. *Oseias: Introdução e comentário*. 2006: p. 227,228.
[360] REED, Oscar. *O livro de Oseias*. In *Comentário bíblico Beacon*. Vol. 5. 2005: p. 59.
[361] HUBBARD, David. *Oseias: Introdução e comentário*. 2006: p. 229.
[362] CRABTREE, A. R. *O livro de Oseias*. 1968: p. 188.
[363] HUBBARD, David. *Oseias: Introdução e comentário*. 2006: p. 229.
[364] FEINBERG, Charles L. *Os profetas menores*. 1988: p. 62.
[365] CHAMPLIN, Russell Norman. *O Antigo Testamento interpretado versículo por versículo*. Vol. 5. 2003: p. 3.474.
[366] WIERSBE, Warren W. *Comentário bíblico expositivo*. Vol. 4. 2006: p. 408.
[367] CRABTREE, A. R. *O livro de Oseias*. 1968: p. 189.
[368] CHAMPLIN, Russell Norman. *O Antigo Testamento interpretado versículo por versículo*. Vol. 5. 2003: p. 3.475.
[369] FEINBERG, Charles L. *Os profetas menores*. 1988: p. 63.
[370] CRABTREE, A. R. *O livro de Oseias*. 1968: p. 191.
[371] HUBBARD, David. *Oseias: Introdução e comentário*. 2006: p. 232.
[372] HUBBARD, David. *Oseias: Introdução e comentário*. 2006: p. 231.
[373] HUBBARD, David. *Oseias: Introdução e comentário*. 2006: p. 232.
[374] FEINBERG, Charles L. *Os profetas menores*. 1988: p. 63.
[375] WIERSBE, Warren W. *Comentário bíblico expositivo*. Vol. 4. 2006: p. 408.
[376] HUBBARD, David. *Oseias: Introdução e comentário*. 2006: p. 233.
[377] CRABTREE, A. R. *O livro de Oseias*. 1968: p. 194.
[378] REED, Oscar. *O livro de Oseias*. In *Comentário bíblico Beacon*. Vol. 5. 2005: p. 59.
[379] CRABTREE, A. R. *O livro de Oseias*. 1968: p. 199.
[380] FEINBERG, Charles L. *Os profetas menores*. 1988: p. 63.
[381] CRABTREE, A. R. *O livro de Oseias*. 1968: p. 195.
[382] KIDNER, Derek. *A mensagem de Oseias*. 1988: p. 106.

[383] FEINBERG, Charles L. *Os profetas menores*. 1988: p. 63.
[384] REED, Oscar. *O livro de Oseias*. In *Comentário bíblico Beacon*. Vol. 5. 2005: p. 60.
[385] PAPE, Dionísio. *Justiça e esperança para hoje*. 1983: p. 19.
[386] FEINBERG, Charles L. *Os profetas menores*. 1988: p. 64.
[387] HUBBARD, David. *Oseias: Introdução e comentário*. 2006: p. 236.

Capítulo 15

Restauração, uma obra divina
Oseias 14.1-9

O PROFETA OSEIAS fecha as cortinas do seu ministério com uma palavra de esperança e com uma promessa de restauração. O cativeiro assírio não coloca um ponto final no plano soberano de Deus. As tragédias humanas não frustram os planos daquele que governa a história e dirige o universo.

Charles Feinberg com razão diz que o último capítulo de Oseias é, de muitas maneiras, o mais belo de todo o livro e constitui um encerramento apropriado da série de discursos proféticos. Depois dos grandes vagalhões de condenação que se chocaram contra Israel, Deus agora fala ternamente em graça. Afinal, a graça brilha através das nuvens ameaçadoras.[388]

O texto em tela nos fala sobre cinco verdades sublimes. Vamos agora relatá-las.

Um chamado urgente à restauração (14.1)

A restauração é obra de Deus. É ele quem chama o seu povo à restauração e também é ele quem opera em seu povo tanto o querer quanto o realizar (Fp 2.13). Três verdades merecem atenção:

Em primeiro lugar, *o autor do chamado* (14.1). "Volta, ó Israel, para o Senhor teu Deus..." O próprio Deus, que foi ultrajado pelo povo da aliança, é quem toma a iniciativa de convocá-lo para voltar-se. Deus não é apenas o autor do chamado, mas também o destino da volta.[389] Essa volta é para dentro da aliança. Essa volta é para o próprio Deus. Tudo provém de Deus, que nos reconcilia consigo mesmo por meio do seu Filho (2Co 5.18).

O livro de Oseias destaca que Israel habitualmente se virava para o caminho errado. Eles eram um povo "[...] inclinado a desviar-se de mim" (11.7). O seu proceder não lhe permitia voltar-se para Deus (5.4). Qualquer reação diante do grande chamado, "Vinde, e tornemos para o Senhor", não passava até agora de um impulso superficial e passageiro (6.1,4).[390]

Em segundo lugar, *o destinatário do chamado* (14.1). "Volta, ó Israel..." Deus chama o próprio povo a voltar-se para ele. Israel tinha se desviado de Deus, tomando atalhos perigosos, envolvendo-se em alianças estrangeiras e prostrando-se diante dos ídolos pagãos. A confiança em alianças políticas e nos ídolos fez Israel desviar-se do Deus da aliança. Por isso, agora, está sendo convocado a voltar-se com urgência para Deus.

Em terceiro lugar, *a razão do chamado* (14.1). "Volta, ó Israel, para o Senhor teu Deus; porque pelos teus pecados estás caído." O pecado de Israel levou-o à queda. A nação caiu política, moral e espiritualmente. Warren Wiersbe diz que, quando um pecado entra no íntimo do coração e não é tratado, age como uma infecção insidiosa: cresce silenciosamente; causa perda de apetite espiritual; provoca cansaço e fraqueza; e, então, vem a prostração.[391]

David Hubbard diz que o crime de Israel não foi apenas violação da lei; foi uma ofensa contra a pessoa divina, o marido dos capítulos 1 a 3 e o pai do capítulo 11. Desse modo, não se poderia solucionar o problema mediante o oferecimento de um sacrifício ou o pagamento de uma multa (6.6; Mq 6.1-8). O relacionamento pessoal só poderia ser restaurado por intermédio de palavras que expressassem um compromisso pessoal, palavras tão importantes que o profeta não poderia deixá-las ao acaso, alistando-as com precisão numa litania de contrição.[392]

Estou de pleno acordo com Isaltino Filho quando diz que o evangelho de Jesus não é um chamado à riqueza ou à prosperidade, mas um chamado à mudança de vida.[393] A verdadeira conversão nos conduz pelo caminho da santidade, e não pelo anseio da prosperidade. A conversão é anseio por Deus, e não por dinheiro. O caráter desse retorno para Deus, de acordo com James Wolfendale, é claramente descrito no texto: sua necessidade (14.1), sua natureza (14.1), seu método (14.2) e seu motivo (14.2).[394]

Uma condição clara para a restauração (14.2,3)

O mesmo Deus que restaura também estabelece as condições para a restauração. Cinco exigências são feitas:

Em primeiro lugar, *arrependimento e conversão* (14.2a). "Tende convosco palavras de arrependimento, e convertei--vos ao SENHOR..." Israel deveria voltar-se dos ídolos para

Deus; da confiança em alianças estrangeiras para a confiança no Deus da aliança. O arrependimento significa mudar de mente, de sentimento e de direção. Trata-se de uma mudança interna e externa. Envolve desejo, propósito e ação. Em vez de desviar-se de Deus, Israel é chamado a voltar-se para Deus, convertendo-se a ele.

Dionísio Pape tem toda a razão quando diz: "Quando o povo de Deus converte-se constantemente ao Senhor, então, o mundo começa a arrepender-se. O arrependimento do povo de Deus é o segredo de todo reavivamento espiritual".[395]

Em segundo lugar, *pedido de perdão e acerto de vida* (14.2b). "[...] dizei-lhe: Perdoa toda iniquidade, aceita o que é bom..." A restauração vem pelo reconhecimento do pecado e pelo pedido de perdão. Apenas reconhecer o erro sem o devido pedido de perdão não é arrependimento para a vida, mas remorso para a morte. Israel não deveria apenas abandonar o pecado, mas também voltar-se para o Senhor, rogando-lhe perdão. Quando nos voltamos para Deus, também nos voltamos para a prática do bem. Quando nossa relação vertical é corrigida, a nossa relação horizontal igualmente é acertada. Quando nos voltamos para Deus, também nos voltamos para o próximo (Mq 6.8).

David Hubbard destaca ainda que o perdão implorado aqui é justamente o que foi negado em 1.6 e que pode ser oferecido agora, só porque o juízo está completo. Perdão sem justiça seria uma imitação grotesca da retidão divina. Como diz 1João 1.9: "[...] ele é fiel e justo para nos perdoar os pecados..." A cruz é a base do perdão, pois é também o local onde ocorre o juízo.[396]

Em terceiro lugar, *adoração sincera em vez de rituais vazios* (14.2c). "[...] em vez de novilhos, os sacrifícios dos nossos lábios". Deus não se impressiona com a quantidade nem com a pompa dos nossos rituais. Ele não se contenta com rituais abundantes e corações vazios. Ele requer uma adoração sincera; exige o sacrifício dos lábios. Charles Feinberg diz corretamente que a ordem é que tragam palavras e ofereçam ao Senhor não sacrifícios nem presentes, mas verdadeira penitência.[397]

Em quarto lugar, *rompimento definitivo com as alianças estrangeiras* (14.3a). "A Assíria já não nos salvará, não iremos montados em cavalos...". Para salvar sua pele, Israel correu atrás da Assíria e do Egito como pomba enganada, deixando de confiar em seu Deus (5.13; 7.1; 8.9). Nessas alianças estrangeiras, Israel envolveu-se com os deuses desses povos e passou a depender dessas potências estrangeiras em vez de depender de Deus. Sua decadência espiritual desembocou em bancarrota política.

Depois de humilhar-se diante de Deus em arrependimento sincero, Israel reconhece que sua salvação não está nas mãos do grande império assírio nem nas cavalarias do Egito (Dt 17.16). David Hubbard diz corretamente que a pomba insensata finalmente recobrou os sentidos e parou de pular de galho em galho (7.11); o pão não virado finalmente está pronto para ser virado (7.8); o doente crônico resolveu mudar de médico (5.13); o jumento selvagem está tentando comer nas mãos do domador (8.9); descobriu-se a verdadeira identidade do Grande Rei, e o seu palácio não está junto ao Tigre (5.13; 10.6).[398]

Em quinto lugar, *rompimento definitivo com os ídolos* (14.3b). "[...] e não mais diremos à obra das nossas mãos: Tu és o nosso Deus; por ti o órfão alcançará misericórdia". Israel havia cometido a loucura de fabricar ídolos e prostrar-se diante deles, prestando-lhes culto. Era o caso flagrante do criador adorando a criatura. A tragédia é que o ídolo não é capaz de manter um relacionamento interpessoal: podemos dizer "nosso deus" àquilo que fazemos; mas ele jamais poderá nos dizer "meu povo".[399]

A idolatria levou Israel ao fracasso, à queda e ao cativeiro. Porém, agora, restaurado por Deus, tem plena consciência de que é imperativo romper definitivamente com a idolatria. O cativeiro assírio e, mais tarde, o cativeiro babilônico limparam Israel e Judá, respectivamente, desse terrível pecado da idolatria.

Uma promessa segura de restauração (14.4,5a)

Depois de falar do chamado e das condições para a restauração, Oseias passa a falar sobre a promessa segura da restauração. Ele faz uma transição do que o povo precisa fazer para o que Deus promete fazer. Três verdades merecem destaque:

Em primeiro lugar, *Deus cura o seu povo* (14.4a). "Curarei a sua infidelidade..." A infidelidade de Israel era uma doença crônica, e essa moléstia exigia uma cura radical. O povo não tinha poder para curar a si mesmo. Derek Kidner tem razão em dizer que a nossa obstinação é incurável até que Deus a cure.[400]

Oseias equipara a restauração à cura – cura que a Assíria era incapaz de realizar (5.13); que Israel buscou, mas sem sinceridade (6.1); que Deus ardentemente desejava outorgar (7.1); à qual Israel continuava resistindo (11.3). Aqui, a cura é prometida abertamente (14.4) – não apenas dos ferimentos do juízo, mas também da causa do juízo, a infidelidade que os havia levado para bem longe da aliança.[401] O Jeová Rafá não só chamou o povo à restauração e estabeleceu condições para a restauração, mas também curou eficazmente a infidelidade do povo.

Deus deu ao povo um novo coração, uma nova vida e um novo futuro.

Em segundo lugar, *Deus ama incondicionalmente o seu povo* (14.4b). "[...] eu de mim mesmo os amarei, porque a minha ira se apartou deles". Deus ama o seu povo não por causa de seus méritos, mas apesar de seus deméritos. A causa do amor de Deus está nele mesmo, e não no objeto amado. Deus ama o seu povo incondicionalmente. Em vez de destruir seu povo por causa de sua ira, Deus aparta a sua ira e lhe concede misericórdia.

Em terceiro lugar, *Deus é a fonte da restauração do seu povo* (14.5a). "Serei para Israel como orvalho..." Deus cura, ama e restaura o seu povo. Ele mesmo é o remédio para a sua enfermidade. O que o orvalho significa para a terra árida do deserto, Deus significa para o seu povo. Ele lhe traz vida e restauração. A. R. Crabtree diz apropriadamente que a graça divina será o orvalho que dará vida e beleza ao novo Israel, remido da miséria da sua apostasia.[402]

Dionísio Pape diz que o Deus que cada dia unge bilhões de folhas e pétalas com pérolas de orvalho é o mesmo que visita, pelo Espírito Santo, seus filhos espalhados pelo mundo. Para a sobrevivência das plantas, Deus repete fielmente, e em todo lugar, o pequeno milagre, mandando a cada planta o precioso líquido sustentador. Quanto mais Deus deseja tocar com vida e restauração cada um de seus filhos na terra![403]

Charles Feinberg é oportuno quando relembra que esta é a terceira menção de orvalho no livro de Oseias. Em 6.4, referia-se à bondade de Israel, que teve curta duração; em 13.3, falava do caráter transitório de todo o Reino do Norte, que logo seria destruído na invasão assíria; e aqui é uma figura representativa do poder revigorante e fecundante de

Deus, por meio do qual o povo de Deus produzirá frutos para ele.[404]

A figura do orvalho nos ensina algumas lições importantes:

Primeiro, o orvalho vem sem alarde. Ele não é precedido por trovões bombásticos nem por relâmpagos luzidios. O orvalho cai mansamente e, onde cai, tudo se renova. As plantas murchas recebem novo alento. Assim também é a presença de Deus na vida do seu povo. Deus é a fonte de renovação do seu povo.

Segundo, o orvalho cai à noite. Nas noites mais escuras da vida, quando a crise é mais aguda, as trevas são mais espessas e os vales mais profundos, o Senhor vem sobre nós com mais intensidade, transformando os nossos vales em mananciais (Sl 84.5-7). Quando nossas forças se esgotam e nossos recursos chegam ao fim, Deus, como orvalho, vem sobre nós trazendo-nos vivificação.

Terceiro, o orvalho vem do céu. O orvalho procede do céu e desce para a terra sedenta e ressequida. Também só do Senhor pode vir o nosso alento. É do céu que emerge a nossa restauração. É do próprio Deus que vem a nossa cura.

Quarto, o orvalho é abundante. Na Palestina, o orvalho é abundante, sobretudo para compensar a ausência de chuvas. Quando Deus vem sobre o seu povo, sua presença é restauradora como o orvalho da noite. Quando o orvalho do Senhor cai sobre a igreja, ela espalha essa influência para regiões longínquas. O Salmo 133 fala que, quando o orvalho do Hermom cai no extremo norte de Israel, o monte Sião, em Jerusalém, é beneficiado. Assim também quando o povo de Deus é banhado pela presença restauradora de Deus, ele distribui essa fragrância de Deus para as multidões.

Um corolário de bênçãos decorrentes da restauração (14.5b-7)

Oseias faz uma transição do Deus da restauração para as bênçãos decorrentes da restauração. Veja quais são essas bênçãos:

Em primeiro lugar, *crescimento extraordinário* (14.5b). "[...] ele florescerá como o lírio..." Quando o povo de Deus é banhado pelo orvalho da presença de Deus, ele floresce, cresce e desabrocha como o lírio. O lírio é uma das plantas mais produtivas, pois se diz que uma raiz pode produzir até cinquenta bulbos.[405]

O lírio ainda tem a capacidade de crescer de forma pura e linda mesmo em meio a toda a contaminação ao seu redor. Isso nos ensina que não é o ambiente que deve influenciar você, mas você é quem deve influenciar o ambiente. A igreja deve ser luz para as nações, em vez de as nações apagarem a sua luz.

Em segundo lugar, *estabilidade inabalável* (14.5c). "[...] e lançará as suas raízes como o cedro do Líbano". Quando o povo de Deus é restaurado, não cresce apenas para o alto, em comunhão com Deus, e para os lados, num expressivo crescimento numérico, mas também cresce em profundidade.

Os cedros do Líbano são proverbiais por sua firmeza e estabilidade. Falava-se dos cedros do Líbano tanto quanto falamos hoje do rochedo de Gibraltar.[406] A restauração provinda de Deus traz para o seu povo firmeza nas lutas, solidez nos vendavais e estabilidade inabalável.

Em terceiro lugar, *esplendor constante* (14.6a). "Estender-se-ão os seus ramos, o seu esplendor será como o da oliveira..." Puro como o lírio e durável como o cedro, Israel também será tão frutífero e belo como a oliveira. A oliveira é uma árvore que tem a capacidade de renovar-se constantemente. Ela emerge da morte com grande esplendor. No Jardim do Getsêmani há oliveiras com mais de dois mil anos. Essas oliveiras são contemporâneas de Jesus. Do tronco que parece estar morto, ressurgem novos ramos, e ela se renova cheia de esplendor. A presença de Deus na vida do seu povo é assim também, sempre trazendo um novo alento e um esplendor constante.

Em quarto lugar, *fragrância influenciadora* (14.6b). "[...] e sua fragrância como a do Líbano". O Líbano era famoso por suas florestas densas. As madeiras mais nobres dali procediam. Dessas ricas florestas trescalava uma fragrância que embriagava as pessoas com sua doçura.

A. R. Crabtree diz que as árvores coníferas e as plantas aromáticas fornecem a fragrância do Líbano.[407] "[...] a fragrância dos teus vestidos é como a do Líbano" (Ct 4.11). Quando Deus restaura o seu povo, dele também procede o bom perfume de Cristo. O perfume, embora silencioso, é poderosamente influenciador. Ele produz impacto no ambiente. É sempre percebido, pois torna o ambiente mais agradável.

Em quinto lugar, *abrigo para os cansados* (14.7). "Os que se assentam de novo à sua sombra voltarão; serão vivificados como o cereal, e florescerão como a vide; a sua fama será como a do vinho do Líbano." Israel restaurado por Deus não será mais um problema entre as nações, mas uma bênção para os povos. Israel não será apenas restaurado por Deus, mas instrumento de restauração para os outros povos.

Assim também, quando a igreja é restaurada por Deus, ela se torna um lugar de cura, de refrigério e abrigo para os aflitos. Deixa de ser um deserto para ser um oásis; em vez de um lugar de atar fardos sobre as pessoas, um lugar de alívio. Deixa de ser um local de legalismo neurotizante para ser uma comunidade terapêutica. Em vez de um gueto fechado, uma comunidade acolhedora.

Uma exortação oportuna do Deus da restauração (14.8)

Antes de concluir a mensagem da restauração, Deus faz uma solene exortação ao povo. Quatro verdades são aqui pontuadas:

Em primeiro lugar, *Deus confronta o seu povo* (14.8a). "Ó Efraim, que tenho eu com os ídolos?..." Derek Kidner diz que mais uma vez essa exclamação desnudou o coração da profecia e do seu verdadeiro autor.

À semelhança do grito de Davi, "Meu filho Absalão!" (2Sm 18.33), ou de nosso Senhor, "Jerusalém, Jerusalém!" (Mt 23.37), enunciou ao mesmo tempo amor e angústia: "Como te deixaria, ó Efraim?" (6.4; 11.8). Agora é como se Deus quisesse persuadir o ouvinte pela última vez, pois as penitentes palavras dos versículos 2 e 3 e a bela perspectiva dos versículos 4 a 7 fazem parte de um convite (v. 1 e 2a), que ainda tem de ser aceito e apropriado por Israel.[408]

Esse confronto divino mostra que é impossível confiar nos ídolos e ao mesmo tempo confiar em Deus. É impossível dobrar-se diante dos ídolos e ao mesmo tempo honrar a Deus. É impossível estar envolvido com a idolatria sem procurar a ira de Deus. A volta para Deus precisa passar pelo rompimento definitivo com os ídolos.

Em segundo lugar, *Deus ouve o seu povo* (14.8b). "Eu te ouvirei..." Os ídolos não podem socorrer o povo na hora da aflição, mas Deus ouve o clamor do seu povo e o restaura. A palavra de Deus diz: "invoca-me no dia da angústia: eu te livrarei, e tu me glorificarás" (Sl 50.15). Deus não despreza o coração quebrantado (Sl 51.17).

Em terceiro lugar, *Deus cuida do seu povo* (14.8c). "[...] e cuidarei de ti..." Deus não apenas ouve o seu povo, mas cuida dele, protegendo-o de seus inimigos, dando-lhe fartura de pão e copiosa redenção. Enquanto Israel esteve com as costas viradas para Deus, fazendo acordos com as nações e adorando os seus deuses, só colheu amarguras e decepções, mas quando retornou para Deus em sincero arrependimento, voltou a receber o generoso e providente cuidado de Deus.

Em quarto lugar, *Deus abençoa o seu povo* (14.8d). "[...] sou como o cipreste verde; de mim se acha o teu fruto". Deus é orvalho e cipreste. De Deus vem a restauração, e dele procedem frutos de uma nova vida. A seiva que nos faz frutificar vem de Deus. Só produzimos frutos quando estamos ligados à videira verdadeira. Somos, como José, um ramo frutífero junto à fonte (Gn 49.22). Somos como árvore plantada junto às correntes das águas (Sl 1.3; Jr 17.8).

Assim como aconteceu com Israel, quando Deus restaura sua igreja, ela é curada da esterilidade. O fruto da igreja não é resultado de seu labor e ativismo. Ele vem de Deus. É obra dele. Nosso trabalho, como dizia Lutero, "vão será, se Deus não for conosco". Sem Cristo nada podemos fazer.

A mensagem foi dada. Ela exige uma resposta. É impossível permanecer neutro diante da palavra de Deus. Observe com atenção o último versículo da profecia de Oseias: "Quem é sábio, que entenda estas coisas; quem é prudente, que as saiba, porque os caminhos do SENHOR são retos, e os justos andarão neles, mas os transgressores neles cairão" (14.9). O sábio e o prudente são aqueles que ouvem e obedecem. São aqueles que edificam a sua casa sobre a rocha. São aqueles que não são apenas ouvintes, mas também praticantes.

Diante da palavra de Deus, só existem dois grupos: os justos e os transgressores. Os que ouvem a palavra e a obedecem e os que, embora a ouçam, rejeitam-na.

Diante da palavra, só existem duas escolhas: andar pelos retos caminhos de Deus ou tropeçar nesse caminho. A primeira escolha é sábia, e a segunda, insensata. Oseias usa o mesmo método de Moisés séculos antes: "[...] te propus a vida e a morte, a bênção e a maldição; escolhe, pois, a vida, para que vivas, tu e a tua descendência" (Dt 30.19).

São sábias e oportunas as palavras de Charles Feinberg:

> Toda profecia é dada visando a induzir um caminhar piedoso em conformidade com a vontade de Deus. Esse caminhar piedoso nem sempre acontece, porque o mesmo sol que derrete a cera, endurece o barro. Que bênção é ter o coração submisso para aprender os caminhos do Senhor, depois andar neles com diligência para a nossa bênção e para a bênção de incontáveis outros! O transgressor, que não encontra prazer nos caminhos do Senhor, verificará que o propósito de Deus o condenará na hora do juízo.[409]

Dionísio Pape tem razão quando diz que Oseias nunca viu o cumprimento da sua profecia final, mas pela fé aceitou que um dia o Senhor triunfaria na vida de Israel. Deus lhe tinha dado a vitória no seu lar, pelo triunfo do amor inabalável. Gômer estava de volta ao lar. Os filhos não levavam mais os nomes feios. Foram transformados em nomes abençoados. A família estava unida novamente. Com toda serenidade, Oseias aguardava o desenrolar do drama de Israel, com a certeza de que um dia Deus restauraria o seu povo. O profeta de coração quebrantado chegou a aprender que o coração do Senhor é também assim.[410]

NOTAS DO CAPÍTULO 15

388 FEINBERG, Charles L. *Os profetas menores*. 1988: p. 64,65.
389 HUBBARD, David A. *Oseias: Introdução e comentário*. 2006: p. 239.
390 KIDNER, Derek. *A mensagem de Oseias*. 1988: p. 109,110.
391 WIERSBE, Warren W. *Comentário bíblico expositivo*. Vol. 4. 2006: p. 409.
392 HUBBARD, David A. *Oseias: Introdução e comentário*. 2006: p. 240.
393 COELHO FILHO, Isaltino Gomes. *Os profetas menores (I)*. 2004: p. 50.
394 WOLFENDALE, James. *The preacher's complete homiletic commentary*. Vol. 20. 1996: p. 187,188.
395 PAPE, Dionísio. *Justiça e esperança para hoje*. 1983: p. 19.
396 HUBBARD, David A. *Oseias: Introdução e comentário*. 2006: p. 240.
397 FEINBERG, Charles L. *Os profetas menores*. 1988: p. 65.
398 HUBBARD, David A. *Oseias: Introdução e comentário*. 2006: p. 241.
399 HUBBARD, David A. *Oseias: Introdução e comentário*. 2006: p. 242.
400 KIDNER, Derek. *A mensagem de Oseias*. 1988: p. 112.
401 HUBBARD, David A. *Oseias: Introdução e comentário*. 2006: p. 243.
402 CRABTREE, A. R. *O livro de Oseias*. 1968: p. 205.
403 PAPE, Dionísio. *Justiça e esperança para hoje*. 1983: p. 20.
404 FEINBERG, Charles L. *Os profetas menores*. 1988: p. 65,66.
405 FEINBERG, Charles L. *Os profetas menores*. 1988: p. 66.
406 FEINBERG, Charles L. *Os profetas menores*. 1988: p. 66.
407 CRABTREE, A. R. *O livro de Oseias*. 1968: p. 205.
408 KIDNER, Derek. *A mensagem de Oseias*. 1988: p. 113.
409 FEINBERG, Charles L. *Os profetas menores*. 1988: p. 66.
410 PAPE, Dionísio. *Justiça e esperança para hoje*. 1983: p. 21.

Sua opinião é importante para nós. Por gentileza, envie seus comentários pelo e-mail
editorial@hagnos.com.br

Visite nosso site:
www.hagnos.com.br

Esta obra foi impressa na Imprensa da Fé.
São Paulo, Brasil.
Outono de 2021.